不思議なほど仕事がうまくいく

「もう一言」の極意

株式会社ダイエー取締役副会長
林 文子

草思社

はじめに

「今日、はじめてお会いしたあの人、この人……」

ベッドに入り、まどろみに誘いこまれるまでの短い時間、いつのころからか私は、その日、出会った人々と交わしたさまざまな話を思い返す習慣がついてしまいました。

自動車のセールスをしていた時代、私は一日百人の方と言葉を交わすことを自分に課していました。

一セールスから経営者へ、長い道のりでしたが、毎日、本当にたくさんの方とお会いしてきました。

私のそうした日々、そしてダイエーの会長になるまでに歩んだ道筋を書いた、前著『一生懸命って素敵なこと』（草思社）を読んでくださったり、私の仕事ぶりをお知りになった多くの方から、「林さんの成功の秘訣はなんですか?」というお尋ねをよくいただきます。

もし私が仕事で成功したといっていただけるなら、その成功はすべて、日々、出会った方々とのつながりがもたらしてくれたもの。成功の「秘訣」というような特別なものはありませんが、私が今日までやってこられたのは、出会った方一人ひとりとのあいだをできるだけいい関係に育てようとしてきたことに尽きると思っています。人と出会い、おつき合いを深め、信頼関係を深めていく。どんな仕事もこうして進められ、遂げられていくのです。

だれでも日々たくさんの出会いがあります。

せっかく出会えたのに、その出会いをいい関係に育てられないのだとしたら、これほどもったいないことはないと思います。

もともと、人が大好き。どんな人とも割合うまく人間関係を保てるほうですが、それでも、ときにはちょっと気が合いそうもないという人もあれば、心ならずも誤解されてしまうこともありました。

そんなときも私は、「せっかく出会った方なのだから、なんとか心を通わせ合いたい」と努力してきました。そうした姿勢がいつしか身について、いまではほとんど、苦手な人はなくなりました。すると仕事はいっそう楽しくなり、そのうえたいていのことはうまくいくようになったのです。

「林さんは、話し方、コミュニケーションの天才ね」

などと言われて、面はゆい思いをすることもあります。たしかに、人が好きで、人と話をするのが好きだから自然とコミュニケーションが得意になったという面もありますが、もちろんそれだけではなく、私なりに努力もしてきたつもりです。

ふとまわりを見回すと、人間関係づくりが驚くほど下手な人が増えています。そしてそのことに本人自身も悩み、苦労しています。

ＩＴ技術の進化にともない、連絡はＰＣや携帯メールが主になってきています。一度も顔を合わせることなく、仕事をどんどん進めることができる。効率は上がりますが、肝心の人間関係が希薄になり、上手に人とつき合えない人が増えているのです。

そこで、私が日ごろ心がけていることや、ささやかな経験がお役に立つならば……。そんな思いから生まれたのが、この本です。

コミュニケーション上手になるためのコツは、相手をしっかり見ること。相手をしっかり思うこと。あなたの心が相手に届くようにちゃんと向き合い、心をこめて話すことです。そうすれば、どんな人とのコミュニケーションもきっとうまくいくようになります。

日常のビジネスシーンに置き換えて理解していただけるよう、原稿はできるだけ、私が仕事の場でしてきたことをベースに書いてあります。

この本との出会いをきっかけに、話すことが苦手、人間関係が苦手という意識が薄らぎ、少しずつでも、話し上手、コミュニケーション上手へと進んでいっていただければこんなにうれしいことはありません。

まずは夜、寝る前に、私のようにその日出会った人を思い浮かべることから始めてみてはいかがでしょう。するとその人と交わした一言、二言が思い出され、ああ、いい出会いがあって、本当にいい一日だったと幸せな気持ちに包まれます。

そうして幸せに一日を終えると、翌朝も幸せに目覚めるはず。いい気分で目覚めれば、いい「おはよう」が言える。いい挨拶ができれば、それだけで人間関係は変わります。

コミュニケーション上手になるコツは、そんなちょっとしたことにあります。そうした小さなことが、じつはとても大切であるとわかっていただければ、うれしく思います。

不思議なほど仕事がうまくいく「もう一言」の極意

目次

第1章 「もう一言」の話しかけで人間関係は変わる ――仕事の九割は、人間関係が決める

第3章 「ほめぐせ」「感謝ぐせ」をつける――「ほめ言葉」と「ありがとう」が人を動かす

第4章 言いづらいことほど本気で伝える――感謝される「断る・叱る・詫びる」の伝え方

第6章 逃げずに真剣に相手と向き合う——深い人間関係を育てると、人生が豊かになる

不思議なほど仕事がうまくいく「もう一言」の極意

第1章

「もう一言」の話しかけで人間関係は変わる

仕事の九割は、人間関係が決める

人を「大好き！」になれば、人生が変わる
とにかく好きと思いこむこと

仕事ができる人＝人とうまくやっていける人

「人間」。この字をあなたはどうお読みになりますか。

普通の読み方は「にんげん」です。でもこの言葉は「ひとあい」とも読みます。「広辞苑」によると、「ひとあい」の意味は人間関係。人づき合いを指すそうです。

人はだれも一人では生きていけません。仕事はもっと一人ではできません。人間らしい生き方とは、つねにだれかと交わり、何かを共感し合っていくことだと言ってもよいかもしれません。

幸せや喜びを感じるのだって、人づき合いがうまくいったときがいちばん。仕事の結果が出たとき、成果が上がったとき、と答える方もあるでしょうが、仕事の結果や成果の陰には、たくさんの人の顔が浮かんできませんか。

三十一歳でホンダの自動車販売の仕事につき、後にBMWに移っても私はつねにトップセールスを続けました。

でもこれは、けっして私一人の力でできたものではありません。まず、車を買ってくださったお客様、営業所の同僚や上司の存在。忘れてならないのは、製造現場やメンテナンスの現場にいるたくさんの人。こうした人びとに支えられての結果であることを、私は、いつもしっかりと意識するようにしてきました。

車のビジネスだけでなく、どんな仕事も、人づき合いなしでは一歩も前に進まないはずです。

情報化の時代、スキルやノウハウは比較的容易に得られます。おかげですごい知識や分析力を持っている人は少なくないのですが、肝心の人づき合いは少々、いや、かなり問題あり、という人が増えています。

そういう人は、はっきり言って、本当に仕事ができる人とは言えません。むしろスキル的にはもう一歩という人でも、人づき合いが上手だと、やがて目を見張るぐらい、どんどん仕事が伸びていきます。

いまは人を採用する場合も、コミュニケーション能力を見ることが重要なポイントになっています。これまでたくさんの部下を見てきた経験からも、人づき合いの上手な人で、仕事の成果が上がらなかったというケースはほとんどなかったと思います。

相手を好きになるコツは、好きだと思いこむこと

「私は人見知りするから」

「どうも初対面の人は緊張してしまって……」

こういう人は、人にたいする警戒心が強すぎるのです。警戒すれば、顔はこわばり、視線を合わそうとしなかったり、反対に思わずにらみつけるだけだったりします。相手が自分に近づいてくる前に、バリアを張ってしまうのです。

まず、このバリアをなくしましょう。ふだんの暮らしや仕事のなかで出会う人に、そう危険な人はいないのですから。

バリアをなくすとは、相手にたいする緊張を解くことです。具体的には、「きっといい人にちがいない」と、最初から好きになろうとすればいいのです。

人間《ひとあい》という言葉は、人愛という字を当てることもあるようです。人づき合いとは、

とにかく、相手を好きになることが第一なのですね。

相手を最初から、好きになろうとする。好意的な目で見るようにする。それだけで人づき合いは驚くほど楽になります。好意的な気持ちはちゃんと相手に伝わるのです。すると相手も、あなたを好意的に受け入れようとしてくれます。こうして好意と好意が出会えば、人間関係はうまくいくほかはないと言ってもいいくらいです。

人には相手の感情を読み取るアンテナみたいなものがあって、相手の感情の変化はじつに正確に見ているし、鋭敏に感じ取ります。だからこそ最初にどちらかが、「あなたが好き」「好きになれそう」という信号を送ることが大事なのです。

どちらかが、と書きましたが、私はまず自分から「好意」信号を送ります。きっと私は、だれよりも強く、せっかく出会った方といい人間関係を築きたいと願っているのでしょう。

こうして最初の人づき合いが始まると、人が人を呼んで、どんどん人間関係が豊かになって、人生が大きく変わっていきます。

ビジネスでいちばん大切なのは人間関係を築くこと

いい人間関係を築けば、仕事は伸びる

いまやインターネットで、海外とのコミュニケーションが瞬時にできます。世界中の多くの人々と、テレビ画面で顔を見ながら会議もできれば、商談もできる。本当に便利な社会になりました。

もはやＩＴなしにはビジネスはできないでしょうし、ＩＴが仕事を圧倒的に効率化したのも事実です。

でも、最近はちょっと行き過ぎが目立ちます。すぐとなりの席にいる同僚とも、メールで会話をする。友だちどうしのやりとりも携帯メール。絵文字や動画メールはたしかに楽しいけれど、でも、どうでしょう。相手に向かってニコッと微笑む。この笑顔以上のものを伝えてくれるでしょうか。

友人にハーバードビジネススクールで学んだ人がいるのですが、結局ビジネスでいちばん大切なのは、いい人間関係を築くことだと教わったと言っていました。いい人間関係があればいい仕事ができると考えてきた私にはうれしい話でした。

パソコンや携帯メールももちろん結構ですが、メールは新たに増えたコミュニケーション手段の一つに過ぎないと認識すべきではないでしょうか。古い世代だと言われてしまうかもしれませんが、私は、人と人とのおつき合いの基本は、やはり、じかに向き合い、声や表情を見ながら行なう、言葉のコミュニケーションだと思っています。

実際に向き合い、生の言葉で話しかけたり、話しかけられたり。生のコミュニケーションに勝るものはないということです。

忘れてはいけないのは、ビジネスといえども、その根底にあるのは、人がより幸せになるための関係づくりだということ。

もちろん、効率も追求しなくてはいけないし、成果も上げなければなりません。でも、そのためにいちばん力を発揮するのは、じつは、やさしく、温かな人間関係なのだということを見誤ってはいけないのです。

一回きりの成功より、持続的な成功を

マネジメント（経営）に携わるようになっていっそう、ビジネスの本当のベースは、上司対部下、あるいは取引先との人間対人間の信頼関係なのだと痛感しています。

一人の人間対一人の人間の信頼関係がベースになければ、ビジネスの成功はあり得ません。仮に、一回か二回の成功はあっても、長く続くビジネスには育っていかないのです。

経営とは、その企業の繁栄を長く続けていくことです。

ビジネスが長く繁栄していかなければ、そこで仕事をする人の幸せも揺らいでしまいます。

これは、個人に置き換えても同じです。

私自身、一つの成功が次の成功につながり、その成功がまた新たな成功へのステップになるという経験をしてきましたが、すべて人間関係づくりを誠実に、ていねいにやってきたことが基盤になっているのだと思っています。

よい人間関係を築こうと思ったら、出かけていって、直接、相手と会うことを骨惜

しみしないでやること。相手も自分も忙しい。効率を優先しなければならない場合は電話でもいいんです。電話なら声を聞くことができ、声からその人らしさは伝わってきます。

ビジネスパーソンなら、朝、パソコンを開けるとものすごい数のメールが入っているもの。そのなかから、本当に必要なメールを探すのもけっこうエネルギーを要します。

そこに電話がかかってきて、用件が速やかにすんだうえ、相手の元気な声も聞けたら、電話を受けたほうも元気づけられます。

生の声、生身の人間性には、それだけのパワーがあるのです。

問題が起こったときはまずは電話
メールで誠意は伝わらない

メールでいいとき、わるいとき

最近の若い人の間では、恋人とのコミュニケーションもメールが主体だとか。絵文字メールを使いこなして、けっこう、感情も上手に伝え合っていると聞くと、まさしく新世代が登場したのだな、という気になります。

でも、コミュニケーションはメールが主、という人との関わり合い方には、やはり疑問を感じてしまいます。

誤解のないように改めて言うと、私はメールをずいぶん多用しています。ビジネス上の連絡はなんといってもメールが便利です。おたがいの手元に情報交換の記録を残すことにもすぐれています。世界中どこにでも瞬時に送れる通信手段としても、メールの右に出るものはないと言ってよいでしょう。こんなに便利な情報ツールですから、多用するのもわからないでもないのです。ただ、ほとんどのことをメールですませることが普通になってしまうと、ちょっと違う、と思えてなりません。

先日、若い方がこんなことを言っていました。

「メールのやりとりで、相手が誤解しているんじゃないか。はっきり言えば、怒っているんじゃないかなと帰宅してからもずっと気になっていたんです。でも翌朝、思いきって電話したら、あんがい何でもなくてほっとしました」

この話が物語っているように、メールのやりとりだと、感情の機微が伝わりにくいもの。でも、人間は基本的に感情の動物ですから、やっぱり相手の感情が気になり、こちらの気持ちも乱れてしまう、なんてことがあるわけです。

もし電話や対面コミュニケーションなら、間違いがあれば、その場で気づき、その場で修正できます。喜びとかうれしさを共有するのだって、メールよりも電話や生のコミュニケーションのほうがずっと感激しませんか?

大事なのはメールを含めた多様なコミュニケーション手段をもっと使い分けること。

ほんの数行書いてあるだけのはがきでも、手書きのお便りをいただくと、すごく感激してしまうこのごろです。

事務的な「報告・連絡」も
もう一言「素の言葉」を加えることが大切

慣れない難解な言葉よりも、素直な自分の言葉で話す

ビジネス会話というと、なぜか、肩に力が入ったコミュニケーションだと思いこんでいる人も少なくないように思います。

でも、懸命に勉強してきたにちがいないと思われるような、むずかしい言葉をぎこちなく使う人よりも、いかにもその人らしい素直な言葉で話す人のほうが、断然、好感度は高くなります。

もちろん、ケース・バイ・ケースであることは言うまでもありません。あくまでも原則論、一般論ですが、上司に報告する場合だって、「報告書」をそのまま棒読みにしているような報告なら、

「部長、先日の打ち合わせについて報告書をまとめてまいりました。よろしくお願い

します」

で十分。でもこれではあまりに事務的で、人と人がコミュニケーションしているという感じがゼロです。

せっかく部長のところまで足を運んだのですから、

「部長、新規取り引きの件ですが……。結論から申しあげると、ばっちりです。大成功でした。じつはそのあと、先方の担当者は大の野球ファンだとわかって、今年はどちらの贔屓《ひいき》チームが優勝するかと、すっかり盛り上がってしまいました」

などと臨場感のある話をして、それから報告すべきことの要点を要領よく話す。そして、「詳細は報告書にまとめてまいりました。よろしくお願いします」と言えば、同じフレーズに血が通ってくるのです。

ビジネスパーソンとしてふさわしい言葉づかい、それ以前に、一人前の社会人、ちゃんとした大人としての常識的な言葉づかいを踏まえることは大原則ですが、そのなかにも、いかにもその人らしい〝素《す》〟の言葉がないと、相手に強く、深く残りません。

そういう報告を受ければ、上司だって自然に、

「君の野球好きが大いに役立ったわけだね。よかったじゃないか」

と声をかけるでしょう。そこから、人間関係は掘り下げられていくのです。

私は、現在、日本のビジネス環境のなかで失われているのは、こうした人間的な感情を伝え合うコミュニケーションだと思っています。

経済合理性の名の下で、皆がスキのないエリートビジネスパーソンを目指す風潮がありますす。でも、本当のエリートは、ちょっとスキがあって、そこから豊かな人間性がかいま見える人だと、私は考えています。

「どんなときも笑顔」を習慣づける

もう一つ、大事なこと。人間関係をつくり、育てていくのは笑顔です。笑顔を惜しんでは、絶対にいい人間関係はつくれません。

私は、長年セールスで鍛えてありますから、笑顔は得意なほう。どこに行っても、だれにたいしても、にっこり微笑みかけることがすっかり身についています。

ところが最近、笑ったら損とでも思っているのかしら、と思うくらい笑顔が少ない人によく出会います。誠実さを伝えようとしているのかもしれませんが、ニコニコしている方からだって、誠実さ、真面目さは十分に伝わってくるものです。

アメリカのあるビジネススクールでは、卒業生に笑顔シートを配ると聞いたことがあります。これを日々眺めて、笑顔をつくるトレーニングを怠らないこと、という意味がこもっているそうです。

最近は、ブームの「DS」にも、表情を豊かにするソフトが登場したそう。考えてみれば、それだけ皆が表情貧乏になってしまっているということかもしれません。

経験上言えるのは、笑顔はある程度、トレーニングで身につくということ。

人と目が合ったら、どんな場合もニコッと笑う。少しの間、意識してそう努めていると、やがてそれが自分の素顔のように身についてきます。

でも、習慣化された笑顔からさらに進んで、心からニコッとできるようになれれば最高です。それには、その人との出会いを喜ぶようにすればいいんです。

どんなビジネスも、人との出会いから始まります。どんな出会いも、新しい仕事の発展をもたらす可能性を含んでいます。

だから、出会いは喜び。喜びを素直に表せば、自然に笑顔になっています。

「おはようございます」プラス「特別な一言」で印象は大きく変わる

いい挨拶の秘訣は、「一瞬止める」こと

出会いで最初に交わすのは「挨拶」。その人の立場にふさわしい挨拶をすることはとても大事です。

会社での挨拶は、「おはよう」に始まり、「お疲れさま」で終わります。そのくらいはちゃんと言ってますよ、という声が聞こえてきそうですが、「おはよう」「さよなら」を言うだけなら、子どもにもできます。大人には大人の、社会人には社会人の、ビジネスパーソンならビジネスパーソンの挨拶があります。そうした、立場をわきまえた挨拶ができることが大事なのです。

人はしっかりとした挨拶ができる相手には、信頼感を覚えるものです。

挨拶の「挨」は、できるだけ相手に近づくという意味。「拶」には、相手に深く入

りこんでいく、という意味があるそうです。つまり、ただすれ違いざまに「おはよう」「こんにちは」というだけでは「挨拶」とは言えないということですね。

相手に深く近づく挨拶をするには、私は、何かを一瞬止めることが大事だと思っています。一瞬視線を止めて、相手をしっかり見つめる。一瞬足を止めて、立ち止まり、軽く会釈する。この一瞬止めるという行為が、おざなりな挨拶を相手に届く挨拶へと、大きく進化させるのです。

私は、「おはよう」とか「お疲れさま」を言うときに、必ずその人に向けたもう一言を加えるようにしています。

「おはよう。……あら、髪形変えたんですか？　似合いますよ、とても。心境の変化でもあったんですか？」

「おはよう。昨日は遅くまで残業していたみたいですけど、最近、頑張ってますね」

「おはよう。お久しぶりね。同じ社内にいるのに、なかなかゆっくりお話しする機会がありませんね」のように。

このプラス一言が、相手にとって特別なメッセージになる。つまり、あなたのことをいつも気にかけているんですよ、というメッセージになり、話し手の心を相手に届けるのです。

「髪形変えたんですか?」の一言は、日ごろからその人の髪形に関心を持っていなければ出てこない言葉です。世の奥さんの不満にもよくあるでしょう? 美容院に行ってきたのに、ご主人は気づいてもくれないという……。

会社内の人も同じです。実際、私が「髪形変えたんですか?」などと言うと、相手はたいてい、少し照れながらもうれしそうです。

「遅くまで残業していたみたいですけど……」はもっとダイレクトに、相手への関心を伝えるフレーズです。つね日ごろ、あなたの行動には気をつけて見守っているんですよ、という思いをしっかり伝えてくれます。

「なかなかゆっくりお話しする機会がありませんね」も同様です。こうした一言を加えれば、ふだんから、あなたとゆっくりお話ししたいと思っているんですよ、という思いが伝わります。

もう一言、その人に向けた「特別な言葉」を

自分だけに向けた特別な言葉を言ってもらえたら、それはうれしいじゃないですか。

この、短いけれど心のこもった言葉をとっさに思いつくには、いつも相手に関心を持って見守る気持ちが必要です。相手に関心を持てば、必ず相手のことがわかってきます。もし適当な言葉を思いつかなかったら、お天気でも季節でも、とにかく一言つけ加えることから始めてみてもいいんです。

「おはよう。今日はいいお天気ですね。空がきれいなこと」。こう言われれば、「おはようございます。本当にいいお天気ですね。こういう気持ちのいい日は、なんか、頑張れる！　って気になります」

「じゃ、今日もおたがい頑張りましょう！」

挨拶から、ここまで会話を広げることができます。

「お疲れさま」も同じです。ただ「お疲れさま」と言うだけでなく、「お疲れさまでした。今日はよく寝るようにしてくださいね」とか「お疲れさま。ここまで頑張ったんだから、プレゼン、通るといいですね」と、相手の心に届く一言をプラスする。

そのプラス一言は、相手にたいする愛なのです。その愛が、相手の心を開く鍵になります。

とにかく一言、話しかける
次の一言は「共通項」を話題にする

いつでもどこでも「話しかけてみる」

人間関係のきっかけをつかむのもこのプラス一言の話しかけです。とにかく私は、どんどん人に話しかけます。

最近は働く女性たちのさまざまな会合にお招きいただくことが多いのですが、名刺を交換するほんのわずかな時間にも、私は必ず何か一言、声をかけるようにしています。

「こんにちは。最近は、どんなお仕事していらっしゃるんですか?」

「最近出されたご本、評判になってますね。私も、読ませていただきました」

「はじめまして。(名刺を見て)あら、マーケティングのお仕事ですね。機会があったら、ぜひ、お話を伺いたいわ」などなど。

列をつくってまで名刺交換したいと思ってくださった方に、名刺交換をすませると、「はい、お次の方は……」みたいな態度は失礼です。かといって列の後に続く方を思うと、長くお話しすることもできません。

そこで、挨拶につづけてもう一言、言葉をかけるだけになってしまいますが、それでもただ名刺交換だけをするのとは、おたがいの後味が全然違います。

のちに偶然お目にかかったときなどに、「あのとき、こんなふうに言葉をかけてくださって、感激でした」なんて言っていただくことが多いのです。

皆さんも、もっと自分からどんどん話しかけるようにしてほしいと思います。

先日、夫と娘と三人で、中華料理を食べに行きました。とくに有名な中華料理店というわけではなかったのですが、これがなかなかおいしい。そう感じたら、すぐにそれを言葉に出して、伝えるのが林流です。そこでウエイターさんに、

「とってもおいしいですね。とくにこのえび料理が……」

と一言、話しかけたところ、

「ありがとうございます。料理長に言っておきます」

と、弾むような声が返ってきました。

食べ終えて支払いをしようとすると、レジの女性がかわいいチャイナ服を着ています。私はまた、ここで一言。「そのチャイナ服、素敵ですね。ユニフォームですか?」彼女は、「はい」と返事をしただけでしたが、とってもうれしそうでした。

なにげなく、はじめて入ったお店です。でも、私が一言話しかけたことで、ウエイターさんもレジの女性もうれしい気分になったはず。表情からそれはわかります。たとえ一時の関係であっても、それだけいい人間関係が結べたと言えるし、何よりおたがいにいい時間を持てたのだと言えるでしょう。

少し強引でも「共通項」を見つける

仕事の場でも同じです。

おたがい忙しいのだから、用件だけさっさと話して先に進んだほうがいい。たしかに、そのほうが仕事の効率はいいでしょう。でも、それではあまりに味気ないし、仕事が終わった後、信頼関係という、何より大切な実りが残りません。それでは「次」へと発展していきません。

仕事は今日一日、この案件だけで終わるものではないのです。人間関係も長く継続させることが大事です。その大事な人間関係をこれからスタートさせる。その第一声が、「では、取引の条件は……」では、なんのために人間やっているのか、わかりません。

私は人が仕事をするということは、給料を稼ぐためだけのことではなく、多様な人間関係を結ぶためでもあると思っています。

「はじめまして」と名刺交換した後、もう一言、どんな言葉をかけるか。この一言で、相手の心をふっとほぐすことができれば、たいがい仕事はうまくいきます。万一、そのビジネスは成立しなかったとしても、いい人間関係が残れば、また次の機会の可能性が生まれるのです。

いい人間関係をつくって、仕事を「次」へ「次」へとつなげていけば、結果はおのずとついてきます。

私はどんなに忙しいときでも、いきなり仕事の話には入りません。何か楽しくなるようなことを話しかける。これが原則です。

「お目にかかるの、とっても楽しみにしていたんですよ」とか、

「真鍋さんは四国のご出身ですか？」

「いえ、福岡ですが」

「あら、そうでしたか。私の知人の真鍋さんは香川の出身なので、四国に多いお名前かと思ったんですよ。でも私、真鍋さんにはきっとご縁があるんですね。よろしくお願いしますね。では……」

こうして声をかけながら、相手との間に何らかの共通項を見つけてしまうんです。この共通項は、おたがいを結ぶ〝橋〟。心理学では、ラポールというのだそうです。売り手と買い手。医者と患者。上司と部下。先生と生徒。どんな人間関係もラポールが形成されると、あとはうまくいくものです。

それまで関係のなかった人とは、言ってみれば、向こう岸に立っていた人。その人との間に橋をかけるのですから、まず話しかけで相手のところまでロープを投げる。すると相手もロープを投げ返してくる。こうして何回かやりとりしているうちに橋ができあがり、その橋を通って、スムーズに目的のコミュニケーションができるようになるというわけです。

シャイは美徳ではない

よく「日本人はシャイだから……」といいますが、シャイのために引っ込み思案になってしまっているなら、シャイはもう返上しましょう。

もし自分がシャイだという自覚のある方は、ちょっと図々しいかな、と思うぐらいでちょうどいいはず。明日からは自分のほうから声をかけてみようと、いま決めましょう。

決めたことは実行すること。明日からは、受付の女性や同僚など、朝、出会った人に、とにかく何か一言、話しかけてみましょう。

その訓練が、あなたをコミュニケーション上手にする第一歩になるはずです。

朝、お掃除スタッフに、「おはようございます！　いつもきれいにしてくださってありがとうございます」と一言言うと、その言葉で、何より自分が気持ちよくなっていることを実感するはずです。

お客様も人材も会話がさかんなところに集まる

声をかけられるのは、だれでもうれしいもの

中華料理店で私がウエイターさんやレジの女性に話しかけたというと、「いるんだよなぁ、そういう人」と思う方もいるかもしれません。主人は「いつものこと……」と苦笑いしていますが、娘は「声かけってけっこう伝染する」と言って、ときどき真似をしている様子です。

こういうなにげない話しかけ、そして話しかけから始まる会話が、現場を活気づけることを、私はダイエーで学びました。

ダイエーに来てから、私は徹底的に店舗回りをしています。お店に行くと、時間をかけて売り場を隅から隅まで歩きます。視察とか巡回という感覚ではなく、お客様の様子や現場で頑張っている人の様子を自分の目で見て、何か困っていることはないか、

現場に問題はないか、つねにスタッフと状況を共有していたいのです。すると、お店にいらしているお客様のほうから声をかけていただくことがよくあります。

「林さーん、頑張って！　応援しているわよぉ」と。

自分が話しかけられてみて、声をかけられることがどんなにうれしいか、改めて身に沁みました。ですから、私も精一杯、「ありがとうございます。頑張りますので、よろしくお願いいたします」とお応えしています。

どこのお店に行っても、お店のスタッフはもちろん、パートさん一人ひとりとも、ちゃんとその方に向けた言葉がけをします。

パートさんの多いお店ではフルタイムの人は少ないので、一堂に集まっていただくのはムリなのですが、それでもいる限りの人に集まってもらい、スピーチをします。日ごろの会社にたいする貢献にお礼を申しあげたあと、会社全体の現況、スーパーマーケットの仕事の魅力、喜び、将来への夢などを語ります。そして最後に一人ひとりに話しかけていきます。年配の女性に、

「とても顔色がよくてお元気そうですね。何年おつとめですか」

「野菜売り場一筋十八年です」

「それは本当にありがとうございます。野菜を扱っていると季節感も感じられていいですね」

「ええ、この仕事が大好きで、続けてこられました」

「これからもぜひ末長くお願いしますね」と私。

日ごろは本部とお店と離れて仕事をしているわけですが、短い会話のなかにチームワークを感じる瞬間です。

私の経験から言っても、いい仕事をする人は、スタッフとよく話をしています。

パソコンに向かってただ黙々と仕事をするだけ。そういう仕事の仕方では、優秀なソフトさえあればだれがやってもいいということになってしまいます。でも、まわりの人といいコミュニケーションがとれる能力はだれにも代えられません。これこそ、仕事力だと言いきってもいいくらいです。

●「声かけ」がさかんな店はよく売れる

ダイエーでも、お客様と従業員の間で、声かけや言葉がけがさかんなお店は、きまって成績がいいんです。

スーパーマーケットは、品数豊富な商品を買い手が自由に選び、レジで精算するだけ、という簡便で自由な買い方が新時代をつくったといわれる業態です。ところが最近では、昔ながらの、買い手と売り手が対話しながら販売する、対面コーナーの人気が高まっています。

ダイエーの前に身をおいていた自動車業界でも、私は営業所を任され、会社を任され、といくつもの組織を見てきましたが、改めて考えてみれば、会話のない組織で繁栄したところはありませんでした。よく売れるお店は、働く者どうし、上司と部下、スタッフとお客様の間の会話が多く、なごやかで賑やかでした。

会話がさかんなお店は、店のなかの雰囲気が楽しく、いきいきしています。お客様がある商品を手に取ると、すかさず、「ありがとうございます！　こちらもおすすめですよ」と一言、言えるか言えないか。これが結果を大きく書き換えるのです。売り上げが上がることはもちろん、お客様の気持ちも目に見えて活気づいていき、お買い物の満足感だって違ってきます。

一日百軒の飛びこみセールスで身につけた私の話しかけぐせ

タイミングをはかりすぎると失敗する

「あ、すみません。ちょっと止めて！」

車に乗り、さあ出かけようというとき、男性社員を見かけました。窓を開けて一声、話しかけずにはいられません。

それも仕事の話をするわけではなく、

「そのコート、いいですね。五歳は若返りましたね」

この一言を言うために、発進しかかった車を止めてもらうのですから、私の話しかけぐせも相当のものだと、われながら苦笑してしまいます。

でもこの一言で相手は、しばらくは楽しい気分でいられるはず。私もなんだか気分が浮き立ち、これから行く仕事先でも、きっといい仕事ができそうな気になってきます。

ルームミラーに目をやると、運転手さんの表情もゆるんでいるのがわかります。よく、話しかけようと思うのだが、気がつくとタイミングを逸してしまっている、という人があります。

こういう方は、何かかっこいいこと、気のきいたことを言わなくては、と構えすぎているんじゃないでしょうか。

ふと相手が目に留まった。その瞬間に、あ、髪形変えたな、と思えばそう言えばいいし、いかにも秋らしいシックなネクタイが目に留まれば、それもいい。

「おしゃれなネクタイですね」

「いやぁ、ありがとうございます」

ここでつい、「奥さんからのプレゼント？」などと余計なことを口にする人がありますが、話しかけるたびにいちいち長話をする必要はありません。ふと話しかけただけのときは、「もう、すっかり秋ですものね」と軽めの会話に徹するほうがよいと思います。

「口下手」は関係ない。慣れと経験がすべて

私は、見知った顔に出会うと、いえ、中華料理店の例でもわかるように、顔見知りでなくても、ほとんど条件反射のように、話しかけています。

でも私も、最初からだれにたいしてもすぐに話しかける人間だったわけではありません。だれにたいしてもすぐに話しかけ、その場の空気をなごやかに変えてしまうこの〝技〟は、自動車業界に入ってから身につけたものです。

最初、OLとして働きだした私は、どうしても、女性も男性と同じ土俵に上がって働ける場を求めたいと強く願うようになっていきました。私が社会に出たころは、女性は男性の補佐役として働くのが当たり前、という時代だったのです。

こうして、曲折の末、飛びこんだ自動車業界。私が選んだ仕事は営業です。

車を売ることについて何一つわからなかった私は、ある営業の本で、「まず、一日、百軒回りなさい」と書いてあったのを素直に受け止め、本当に一日百軒、訪問セールスをすることを、自分に課しました。

毎日、次から次へと軒並み、インターホンを押します。飛びこみ訪問は恥ずかしい

し、頭ごなしに断られれば、イヤな気持ちにもなります。でもそれで終わってしまっては、肝心の車のセールスに話を持っていくことができません。

そこでインターホンを鳴らし、どなたかが顔を見せてくだされば、すぐに相手の心を開かせるような一言を言う。そんなクセがついていったのです。

「お花がきれいですね。毎日、お手入れされるのでしょう？」

「素敵なお住まいですね。新築されたばかりですか」

もちろん、この話しかけですぐに人間関係が生まれ、車が売れることなんかめったにありません。ときには返事もせずにドアをパシャッと閉められてしまったり、こちらが話しかけるよりも早く、「うちは車は買う気ありません」と拒絶されたり。

でも、そういうお客様の生の姿に接したことで、営業の基本が身につき、現在の私があるのです。

「私は口下手で」なんて言っている人は、まだまだ苦労が足りません。積極的に自分から話しかける経験を積んでいかなくては、話しかけひとつだって身につきません。

失敗しても拒絶されても、めげずに話しかける。それを繰り返しているうちに、しだいに、相手のストライクゾーンを突く話しかけができるようになっていきます。

「自分の情報」を出せば相手は言葉を返してくれる

会話の「主導権」は、徐々に相手に渡す

話しかけるのはいいのだけれど、一方的に相手のことばかり尋ねる人がありますす。「陽に焼けましたね? あ、昨日はひょっとしたら、これ?」と言ってゴルフのスイングのジェスチャー。そのうえ、相手が答えるのも待たず、「つき合いも仕事のうちというヤツでしょう? せっかくの日曜までつき合わされちゃうの、まいりますよね」

このように独演会をやられてしまうと、本当は家族と海に出かけたなんて言えなくなってしまい、返事が返ってこない、ということになってしまいます。

コミュニケーションのきっかけづくりとして話しかけたのに、これでは何のための話しかけだったのか、意味がなくなってしまいます。

自分のほうから話しかけるといっても、その後は上手に会話の主導権を相手に渡し

ていくように話をもっていくことが大事なポイントです。

会話はキャッチボールです。最初はこちらから話しかけ、ボールを投げたなら、次は相手からの返球を待たなければ、キャッチボールにはなりません。それには話しかけた後、一呼吸おくこと。もちろん相手が返球してきやすい話しかけをすることがベストであることは言うまでもありません。

「いいお顔色になられて。お休みにどちらかにお出かけでしたか?」

こう言えば相手は、何かしら答えてくれるでしょう。その返球をまたこちらも返す。こうしてコミュニケーションが生まれ、人間関係が発展していくわけです。

自分から話しかけるのは、会話のきっかけづくりは積極的にしたほうがよいからです。双方が相手からの話しかけを待っていたのでは、気まずい沈黙が続き、場の雰囲気は悪くなる一方、ということになってしまいます。

とくに仕事がらみの人間関係なら、最初に話しかけたほうがイニシアティブを取ることができます。イニシアティブを取れば、それだけ会話を本来の目的に着地させやすくなります。

いくら人間関係づくりが大切だといっても、暇人どうしのおしゃべりタイムではないのです。これは最終的にビジネスをスムーズに進めていくための前哨戦なのだ――強く意識することはないでしょうが、頭のどこかでそう意識していることは必要です。

相手の心を開く最短の方法

話しかけは、ボールを投げることであると同時に、自分の心を開いて見せることでもあります。

よく、だれとも打ち解けられない、自分は嫌われるタイプの人間なんだ、と決めつけて人間関係に自信を失っている人がありますが、これは思い過ごしもいいところ。と言っても、たしかに、何となく取っつきにくいようなタイプの人はいます。

そういう人はちょっと、自分の話し方をかえりみてください。相手には関心を持つけれど、自分のこととなると、口をつぐんで何も言わない。これでは、相手が親しみを覚えるはずがありません。

相手の心を開かせる最短の近道は、自分の心を開くことです。具体的には、話しかけトークに自分の情報をまぜること。自分の情報を発信することで、「私は心を開いている」と、相手にストレートに伝えるのです。

「おはようございます。……部長、ぼく、昨日、釣りに行ったんです」「昨日、映画を見たんです」と自分が楽しかったことを伝える。その楽しさは必ず相手に伝わって、それだけでいい朝に変えてしまうほどの力があります。

「ちょっと仕事が落ち着いたので、週末、父と母をつれて旅行に行ってきたんです」

「おお、それはよかったね」

こんなやりとりだけで、その後、とくに会話が続かなくてもいいんです。最近、ハードワークが続いていたことを心配していた上司もこんな話を聞けば、ほっとします。こんなふうに、上司が気にしているだろうことをちょっと先取りしてうまいぐあいに報告する部下は最高ですね。上司に一言、それもプライベートなことをちょっと話す。上司からすれば、これほどかわいい部下はないものです。だからと言って、ベタベタあれこれ話すのはかえってマイナス。ちょっと一言、がいい。

とは言っても、自分から話しかけるには、勇気が必要です。ときには無視されたり、イヤな顔をされることもあるでしょう。でも、臆せず、話しかけつづけること。

そのうちに、話しかけのタイミングや適当な一言が身についていきます。

話しかけこそ、最高の「おもてなし」
相手が望んでいることを考えるクセをつける

「あなたに関心を持っている」というメッセージを伝える

なぜ私が、挨拶の後のプラス一言の話しかけにこだわっているかというと、話しかけることにより、その人と自分との関係性が明確なものになるからです。

「おはようございます。……お久しぶりですね」と言えば、その人と以前会ったのはいつごろだったか、思いを巡らしたということが相手に伝わります。

「おはよう。……いま、ずいぶん大きなプロジェクトをされてるみたいね。すごいですね」と言えば、相手がいま何を担当しているか、ちゃんと知っていますよ、あなたにたいしていつも関心を持っているんですよ、というメッセージになります。

一言つけ加えるだけで普通の朝の挨拶が相手にとって特別なものになるんです。

自分にそんなに関心を持っていてくれた。そんな特別なメッセージが届けば、だれだってうれしいですよね。

こんなふうにして相手を心地よくしてしまう。これこそ、おもてなしだと言えます。おもてなしというと、旅館とかホテルなど、サービス業だけで必要なことだと思っている方もあるかもしれません。そうではなく、おもてなしはどんな場合も、人間関係を培っていく基本です。

私は、車のセールス時代、訪問販売でも、営業所を訪れてくださったお客様でも、いきなり商談に入ることはありませんでした。訪問販売では、まず自分がどんな人間であるかを知っていただいて、お客様に十分尽くし、それからやっと車の話を聞いていただくというやり方に徹していました。

営業所でも、お客様の顔が見えたらドアの外まで飛び出してお迎えし、

「いらっしゃいませ。お暑いなか、ありがとうございました。お暑いですから、冷たいお飲みものでもいかがですか？」

そしてしばらくお客様のお仕事の話とかご趣味の話を伺って、それから、

「どんなお車をお探しでしょうか」

と話を持っていくというやり方を続けてきました。

こうして、お客様にほっとくつろいだ気分になっていただく。「今日はここに来てよかったなぁ」と、心地よい印象を持っていただく。そうしたおもてなしを忘れては、いいビジネスができるはずはないと信じていたからです。

一瞬でも「楽しい気持ち」を共有する

「お客様は神様です」という言葉がありましたが、なるほど、商売をしているとこの言葉は身にしみます。でもお客様はあくまでも人間です。ビジネスの相手も人間です。だからこそ、おもてなしが必要なのです。神様だったらオールマイティですし、こちらに足りない点があっても寛大に受け入れてくれるでしょう。でも私たちがビジネスを進めなければならない相手は、感情の波もあれば、疲れていたり、虫の居所が悪いときもあるでしょう。

そんなお客様の気持ちを察し、少しでも心地よくなっていただく。楽しくなっていただく。そのための配慮がおもてなしなのです。

最近のビジネスシーンではどうもこの「おもてなし」「ホスピタリティ」が足りな

くなっているように感じられてなりません。

暑いなか足を運んでいただいたのなら、汗がひく時間を待つこと。その間にお客様の疲れが吹き飛ぶような言葉がけができれば、最高です。

そういう思いやりが持てるか持てないか。これは、人間性の問題です。

長いこと仕事を続けてきてしみじみ思うのは、こうした思いやりのアヤ、機微に通じたおもてなしは、一朝一夕にはできないということです。若いときは相手が何をお望みなのか、簡単にはわからないもの。でも一生懸命、相手はいま何をいちばん望んでいるのだろうと考える習慣をつけるといいですね。

思いやりの心は意識していないと育ちません。自分で育てていくほかはないんです。だからこそ価値があるのだとも言えるでしょう。

若いスタッフにすれ違いざまに一言、

「元気そうですね。頑張ってます、張り切ってますって、顔に書いてありますよ」

と声をかける。この一言で、一瞬でもいいから出会った人が楽しい気持ちになってくれればいい。そういう思いやりあふれるおもてなしを続けていれば、その人間関係は必ず、自分に返ってきます。

ネガティブなことはけっして言わない
どんなことにもプラス面を見つける

●「お疲れのようですが……」がダメな理由

いくら話しかけることが大事だと言っても、のっけからこちらが落ちこむようなことを言われたら、たとえそれが本当であっても、嫌な気分になります。いえ、本当であればなおのこと、落ちこんでしまいます。

少し前、あまりに忙しい日が続き、タフが売り物の私もさすがに疲れてしまっていたことがあります。するとはじめてお目にかかった方から、「はじめまして。……お疲れのようですが、大丈夫ですか？　お話を進めさせていただいてよろしいでしょうか」と言われてしまったのです。

一瞬、私はドキッとしました。その後は、猛烈な反省です。どんなに疲れていても、人にお会いするときはシャキッとしなければ。いえ、自分ではそうしていたつもりだったのですが、それでもちょっと疲れが表に出てしまったのでしょう。

同時に、私ならこうは言わないな、と思いました。

おそらくこの方はやさしい方で、私を気遣ってくださっての発言だったのでしょう。そのお気持ちはありがたく受け止めました。でも、やさしさのあまり、相手の気持ちを沈ませてしまったのだとしたら、結果はかえってマイナスです。

初対面では言うまでもなく、どんなに親しい間柄でも、ネガティブなことはけっして口にしないと決めてください。まして会話のはじめの話しかけに、ネガティブな話題を投げかけられたら、返球する気になれなくなってしまいます。

どんな場合も、会話はおたがいがいい気分になるために行なうものだと、私は考えています。この出会いを大切なものだと思い、楽しもうと思うようにしたいのです。

もちろん私も時には腹が立つこともあれば、気まずい思いをすることだってありますす。でも、ビジネスの場でそうなってしまったら、仕事人失格だと言われてもしかたがないとさえ思っています。とくに接客業では、相手はお客様。非は一〇〇%相手にあっても、相手を不快にしたり、怒らせてしまったらこちらの負け。完全な失敗です。

もし、明らかにネガティブな状態が見えたとして、それをうまく表現を変える自信がなかったら、そのことには触れないこと。

私が体験したケースも、相手の方は、「はじめまして。今日はお忙しいなか、ありがとうございました」とさらりと進めたほうがよかったのでは、と思いました。

「ポジティブな言葉」の不思議な力

昨日は遅くまで残業だった。明らかに、その疲れが顔に出ている。そんな顔を見れば一言、言いたくなるのも人情です。そんなときも、「昨日の疲れが出ているね」とネガティブな表現は使わないこと。疲れているのは、本人がいちばんわかっています。それを人にまで言われたくない。その気持ちはちゃんと汲みとらなくてはいけません。

そんなときは、「昨日は遅くまで頑張っていたようね」。そこでパッと雰囲気を変えて、「毎日忙しいのにいつも元気ね」と言う。とにかく、言葉だけでも前向きに、元気な響きにしてしまうのです。

よく、いい言葉を使っていると運がよくなると言います。少なくとも、元気な言葉を使っていると、なんだか元気が出てくるのは本当。言葉には、そういう不思議な力があるのですね。

上司に言葉をかけることをためらう人も少なくないようですが、これは考え違い。組織では、上に行けば行くほど、肩を並べる人が少なくなってしまうもの。その分、寂しいのです。

ですから若い社員が、「おはようございますっ！」と元気に挨拶してくれたら、それはうれしいものです。もちろん、きちんと礼をわきまえたうえで、が前提条件ですが、社長や会長は雲の上の人と決めつけないで、元気な声をかけてみましょう。

ただし、まわりに人がいたり、会議などフォーマルな場では、ていねいに黙礼する程度がマナーでしょう。

ビジネスパーソンの多くは、失敗することを恐れすぎています。その結果、どうしても消極的になってしまいます。

でも消極的な姿勢では、どんな人間関係も深まっていきません。いいコミュニケーションは、おたがいに積極的な姿勢を示すことで育まれていくものだと思います。

ときには失敗も覚悟のうえで、積極的に行動することです。

否定的な表現を使わない練習をしていれば意識が変わってくる

最初の一言で笑顔を引き出せれば、八割方うまくいく

いい話しかけができる人とは、相手のいいところを素早く見つける力がある人だと言い換えることができます。

少し前、京都の芸妓さんの、おもてなしの心を書いた本が話題になりました。彼女たちがなぜ、ビジネス第一線の男性たちの心をとらえるのか。その理由の一つに、絶妙なまでの会話術がある、と思います。

秘訣の一つは、出会ってすぐに相手のよいところを見つけ、それを自然に言葉に出すこと。わざわざいらしてくださった大切なお客様。そう思えば、どんな相手にもよいところは見つかるものだ——ある本にはそう書いてありました。

でもネクタイをほめたり、「先生はいい方ね」というようなおざなりなほめ方はし

ません。その方自身が、内心オレはここには自信があると思っているところをさりげなくクローズアップして言葉に出す。これが決め手だそうです。

私も車のセールス時代、どんなお宅に伺った折も、まず一言、プラスに響く言葉をかけるようにしていました。相手をよく見つめれば、必ずよいところは見つかります。

声ひとつとっても、大きな声を出す方には、「明るくよく通るお声で、こちらまで元気になります」と一言。小さめの声の方には、「奥さまのお話の仕方って、やさしくって、なんか癒されます」。

営業所にいらしたお客様にも同様です。

椅子に座ってすぐに車の話をするのではなく、一呼吸おく。その間に、その方がいい気持ちになってくださるような言葉がけをするように心がけていました。

「お店に入ってこられたのが見えたとき、なんて素敵な奥様がお見えになられたのかと思いました。ご主人様、お幸せですね」

こうした言葉をかけると、相手は必ず、ニコッと笑顔になります。笑顔が見られれば、この人間関係は八割方うまくいったも同然です。

ネガティブな言葉を使わないこんな表現、あんな表現

さきほどお話しした、「お疲れのようですが」もそうですが、なにげなく口にしたことが、相手の心にグサッと刺さってしまうことはよくあります。それを最小限に止めることも大切です。そのためにぜひ注意したいのは、できるだけ否定的な言葉を使わずに話を進めること。

私は否定的なことを伝える場合も、できるだけネガティブな言葉は使わないように心がけてきました。「これはキライ」と言ってしまえば後がありません。ダメ、NG、却下！　なども同様です。

もちろん仕事の場では、ダメだとはっきり言わなければならないシチュエーションも少なくないのですが、そんな場合も、断定的に切って捨てるような言い方は愛情がないと思うのです。

「口ぐせ」というように、言葉づかいはある程度は習慣性のもの。ふだんからネガティブな言葉を使わずに否定的なことをやわらかく表現するクセをつけるとよいのです。「デスクワークはキライ」ではなく、「汗を流して働くのが好き」。

「この企画はダメ」ではなく、「この企画はもうひと頑張りね」とか「もう少し工夫したほうがよくなりそう」。

「そんなことは無理！」ではなく、「もうちょっと現実的に詰めてみましょうよ」。

……のようにです。

とにかく「それはよかった」と言ってしまう

ある精神科医のエッセイにあった話です。この方は、奥さんの手料理を口にしたとき、まず、「ああ、うまい」と言うのだそうです。味に不足がある場合は、それからおもむろに、「もうちょっと煮こんでもよかったかな」などと言葉を加えるのだそう。なるほど、これなら奥さんはイヤな気になりません。

その応用ですが、どんな場合も、「それはよかったわね」と言ってしまうという手があります。

「契約、取れませんでした」という報告を受けたような場合も「残念だけど、まあよかったかもね」と言ってしまうわけです。まさか契約できなかったほうがよかったわけではありません。

でも、「いい勉強になったじゃないか。次はきっといい勝負ができるんじゃないか」と言葉を続ければ、失敗もポジティブな体験に変えられます。

午前中までに、と伝えてあったのに、仕事が思ったほど進んでいない。そんなときには、「まだ、ここまでしかできてないのか！」と言えば、相手もカチンとくるでしょう。一生懸命やっている様子は見られるのですから。

そんな場合は「あ、きれいにまとまってるじゃないか。で、あとどのくらいかかりそう？」と聞けば、「あと、半日ぐらいです」と元気のよい声が返ってくるでしょう。そこではじめて、「もう少し頑張ってスピードをあげられないかな。どうしても三時までにはほしいんだ」と催促に移る。そうすれば相手のやる気も変わってきます。

何を言っているのかよくわからない報告を受けることもあります。そんなときも、「何を言いたいんだ。君の言っていることはさっぱりわからん！」と言ってしまうと、相手はますます萎縮して、頭に血がのぼってしまいます。そんなときは、「なるほど。……ということが言いたいんだね」と話の一部を繰り返すのです。すると相手は、「いや、私が言いたいのは」などと要点を絞りこんでくるはずです。

●言葉づかいを反芻するクセをつける

ときどき自分の言い方をちょっと振り返ってみることも大切です。私は移動中などによく、「あの言い方、こうしたほうが伝わりやすかったかもしれない」とか、「今度はこんなふうに言ってみよう。そのほうがソフトに響きそうだわ」と言葉のメンテナンスを行なっています。

人のふり見て……ではありませんが、人から不快な言葉を投げかけられた場合も、そのこと自体はあまり気にしないようにして、でも、自分はそんな言葉を使っていないだろうかと、メンテナンスの材料にしてしまいます。

自分でも気になる口ぐせのある人は、「それを口にしたら罰金！」というのも、けっこう効果があります。じつはダイエーに来て間もないころ、あまりに皆が「すみません」と言うので、ついに「すみません」と一回言ったら十円の罰金（ちょっと楽しみながらの「スミマセン貯金」）としたことがあります。

気がつくと、「すみません」はめったに聞かなくなりました。

別れぎわにも「もう一言」、話しかけ最後に、楽しい印象を残す

最後に「相手の心が喜ぶ一言」を残す

ダイエーに入ってからもう何軒の店舗を回ったでしょうか。車のセールスを始めたころ、一日百軒回ることを自分に課していた私ですから、お店回りは苦にはならず、何より楽しみにしています。

どんなにていねいな報告書が届いても、現場に行き、現場で働いている人とじかにお話しすること以上に、お店の現状がわかる方法はないのです。パートタイマーさんたちも、私からじかにダイエーの現状、今後の方針などを聞くと、運命共同体意識が生まれてくるのではないでしょうか。

私はよく、握手をします。おたがいのぬくもりがしっかりと伝わって、言葉以上にたしかな何かが伝わっていくような気がするからです。人と人はじかに触れ合い、言

葉を交わしあって、強く結ばれていくのだと思います。

スピーチの後、必ず実行しているのは、出入り口のところに立って、集まってくださった方一人ひとりと挨拶を交わすことです。挨拶というと、出会いの挨拶ばかりに気がいきがちですが、別れぎわの挨拶もとても大切です。

一人ひとりと固く握手しながら、私はここでも必ず、一言加えます。

ネームプレートを見ながら、「中山さん、お願いね。しっかりやってくださいね」とか、「田中さん、ありがとう。今日はとっても楽しかったわ」というように。

相手によって語調を変えることも大事なポイントです。鮮魚売り場の威勢のいい担当者には、「小川さん、頼んだよ！　このお店の魚はまかせたからね」と、威勢よく言う。薬品コーナーの薬剤師の先生には、「先生、いつもありがとうございます。今後もよろしくお願いします」と、専門職の方への敬意を示す。

こんなふうに相手によって言葉も話し方のトーンも変える。これもコミュニケーション上手になる秘訣です。

忘れてならないのは守衛さん。守衛さんには必ず、小さな窓を開けて、なかに首を突っこむようにして、「どうもありがとうございました。元気で頑張ってくださいね。

お願いします」と声をかけます。

最後は店長。ていねいにお礼をして、車に乗りこみます。でも、これで終わらない。車に乗ってからもう一度窓を開けて、「店長、今日は本当にうれしかったです、皆さんの頑張りぶりを拝見できて。ありがとう」と手を出し、握手する。すると店長もしっかりと手を握り返してきます。

この瞬間です。あ、このお店の全員と私の間にしっかりとしたきずながてきたと、しみじみとした喜びがこみあげてくるのは。

何か一つ、具体的にお礼を言う

他社を訪問したり、訪問客を迎えた場合も、今日のこの出会いを、いかにいいクロージングにするか。それを決めるのが、最後の一声です。

「ではまた、後日。……失礼します」と言って帰ってくるだけでは、相手に特別の印象は残しません。「ああ、いい人と出会ったな」「いい商談ができたな」「いい話がまとまりそうだな」という印象を残し、次に向けた可能性を拡大するには、最後にもう一度、相手の心が喜ぶ言葉をかけることが大事なのです。

相手の心にぐんと響くクロージングの一言とはどんな言葉か。それはまず、具体的であること。相手がかなり自信を示したところを、ピンポイントで突くことです。

「本日はありがとうございました。とくに、小林部長が力を入れておられた新プロジェクトの販促企画。非常に新鮮で、勉強になりました」

「高橋さんのノベルティ企画のアイデア、目からウロコでした。いい刺激をいただきました。ありがとうございました」

とっさに具体的な言葉を思いつかなかったら、「ありがとうございました。今日はとても勉強になりました」だけでも、相手の気持ちはちゃんと喜びに満たされます。

喜び、うれしい気持ちになれば、自然に笑顔になるでしょう。クロージングの挨拶には、出会いの挨拶以上に笑顔が大事なのです。

たとえ失敗に終わった商談でも、笑顔で別れることができれば、次につながる雰囲気をつくれます。せっかく出会った方との人間関係はどんなことがあってもピリオドは打たない。これも、仕事を大きく発展させるために、忘れてはならない姿勢です。

第2章 人脈を広げる、ちょっとした習慣

「話しコミ」の積み重ねで毎日が変わる

ムダ話のない組織はダメ 雑談の活気がいいチームをつくる

「効率化」だけでは成果は上がらない

　ＩＤカードを首にかけて、最新設備のオフィスを出入りしているのは、就職間近の学生さんなどの目には格好よく映ることでしょうね。十八歳から働いてきた私にも最近のオフィス環境の進化は感動ものです。

　でも、そんな素晴らしい環境のなかで、皆、一様にパソコンの画面に見入り、黙々とキーボードを打ち続けているのです。オフィス空間に聞こえるのはカタカタというキーボードの音ぐらい。皆、無言で、こわいような顔をして仕事をするだけなんて、なんとも異様な雰囲気だと感じることがあります。

　日本経済の復活は、企業内の人員を最小限度まで縮小して、最大効率で仕事をしてもらうようになったことも大きな要因となってもたらされたもの。人員をギリギリまで切り詰めても仕事量は変わらない。だから皆、とても忙しく、わき目もふらず仕事をしなければ、とうてい終わらないのも現実でしょう。

オフィスの機能も進化し、仕事の効率化も図られた。でもその分、人間的なふれあいがぐんと減ってしまった。オフィス空間だけでなく、エレベーターホールも、エントランスも機能一辺倒の無機的な空間と化しているように感じます。

エレベーターホールなどで、同期入社の仲間にばったり会ったら、

「どう？　元気？」

「うん、もちろん。……最近、仕事にも慣れてきたから、夜、中国語の学校に通いだしたんだ」

「えらいね！　……もっと話を聞かせて」

「いいわよ。今度、食事でもしない？　連絡するね」

ぐらいの立ち話があってもいいんじゃないでしょうか。いや、このくらいの話もしないオフィスでは、人間関係は硬直化するばかりでしょう。

人間を動かすのは、人らしい情動。エモーショナルな高まりです。これは、人との接触でしか生まれません。二、三分の立ち話がなんとなくワクワクする思いを掻き立

てくれ、「さあ、やろう！」という気になることだって、よくあるのです。

立ち話＝ムダ話、と決めつけてしまうのは、人間の本質をわかっていないからです。そんな上司では、部下がついていくはずがありません。部下が立ち話をしていても、とがめるのではなく、ちらっとアイコンタクトをして笑顔を投げかけ、通りすぎればいいんです。それだけで部下はちゃんと感じとり、話を切り上げて仕事に戻るはず。でも、気持ちはすっかり楽しくなっていて、その分、仕事にも力が入ります。

ムダ話なんてありません

会話のある組織のほうがいい仕事ができる。意外にも、効率一辺倒に見えるアメリカのほうが、早くからこうした気づきがあったようです。

欧米ではかなり前から、オフィスの仕事空間を一人ひとり、パーティションで区切ることを始めていました。

その後、日本でもこうしたオフィスが増えてきたのはご存じの通り。たしかにパーティションで区切れば、集中しやすく、それだけ効率が上がりそうです。

でも欧米のオフィスには、広いパブリックスペースがあることが多く、仕事の合間にショートブレイク（小休止）を取り、こうしたスペースでお茶を飲んだり、おしゃべりしたり。少し前のことですが、あるアメリカの大企業のオフィスには広い公園のようなスペースがあり、ランチタイムなど、そこでスタッフが思う存分おしゃべりを楽しんで笑い転げている光景をテレビで見たことがあります。

最近、日本のオフィスでは、私語がめっきり少なくなっているようです。

もちろん度を過ぎない範囲で、が大前提ですが、私は多少の私語があるくらいでいい、そうでなければ血の通ったいい組織にはならないと思っています。

パーティション形式のオフィスでも、だれかの後ろを通りかかったときなどに、一言、「調子いい？　じゃ、今日は残業しなくてよさそう？」とか、「なんか張り切ってるみたい。いいこと、あった？」ぐらいの声かけは、積極的にしていい。いえ、したほうが断然いいと思います。

「ムダ話」という言葉がありますが、人と人とが話すのに、ムダなんかあるはずないんです。ムダ話にヒントが隠れていることも多いですし、何よりムダ話は楽しい。

楽しい会話が交わせれば、オフィスにはおのずと活気が満ちるのです。

自分のことを話さなくては始まらない知らない相手と仲良くなるコツ

「ここまでは話してOK」というサインを送る

人が人に親しみを覚えるのは、どんなときでしょう?

いま、とくに親しい友達を頭に浮かべてみてください。なぜその人とそんなに親しくなれたのか。「なぜか気が合うんだよね」という答えが多いと思います。

気が合うとは、どういうことでしょう。性格が似通っているとか、同じ球団のファンだとか、共通の趣味があるとか。つまり、何か共通点があるということです。

この共通項をどうやって見つけるのか。それには、自分も、相手も、自分のことを話さないとわかりません。

もちろん相手の気持ちも考えずに、個人の領域にズカズカ土足で踏みこむような話し方はいけません。そうではなく、自分から身近な話をちょっとして、ここまでは大丈夫ですよというサインを相手に伝えるのです。

私は、ダイエーで店舗回りをするときなど、忙しいパートタイマーさんを集めてのスピーチでも、お店を回っている間でも、どんどん個人的な話題を口にします。

「昨日は日曜日だったでしょう。久しぶりに近所の公園を散歩したら、緑がとってもきれいでした。桜や紅葉もいいけど、青葉もいいものですね」とか、

「私、いま、金魚を飼っているんです。林さんのペットって金魚なんですか、と笑われるけど、金魚って本当にかわいい魚ですよ」

こんな話、一分もかかりません。でもこう話すだけで、私がふだんどんなものに、どんなふうに感動しているのかを伝えることができます。

すると効果テキメン。お店を回っていると、必ずだれかが声をかけてくれます。

「林さん、私はカメを飼っているんです」とか、「林さん、この町のお城も青葉のころがきれいなんですよ。お時間があったら、ぜひ寄っていってください」などと。

お店回りの場合は、たいていその日のうちに次の訪問先に向かわなければならないので時間がないんですが、これが同じ職場だったら、しばし金魚談義・カメ談義に花が咲いて、その方とはきっといい人間関係を築いていけるでしょう。

こういう会話がさかんになると、おたがいの距離がすごく近くなって、一緒にやっているんだというチームワークが自然に育っていきます。

家族の話をすると、いっぺんに距離が縮まる

二十年近く、外資系の自動車販売会社で仕事をしてきました。

外資系ですから外国人の方と一緒に仕事をすることが多かったのですが、彼らのデスクにはたいてい家族の写真が飾られていました。

いかに家族を大切にしているかがわかりますし、この写真から話が広がっていくというメリットも大きいのですね。

かつての日本では、職場で家族の話、恋人の話はすべきではない、と言わんばかりの雰囲気がありました。最近は変わってきて、奥さんやお子さんの写真を置く人も増えてきました。

私は家族の写真をデスクに飾ってはいませんが、けっこう家族の話題を持ち出します。ケータイの待ち受け画面にお子さんやペットの写真を使っている方も多く、そん

な待ち受け画面を見かけると、つい、「あら、かわいいお子さん。何歳になるの?」なんて話しかけます。新米パパなんかだと、お子さんがかわいくてたまらないから、必ず話に乗ってきます。

ほんの二、三分、相手の話を聞いてあげるだけで、いっぺんにおたがいの距離が縮まります。

ただし自分から子どもの写真を見て、見て、と迫るのは考えもの。他人の子どもには、親が思っているほどの関心はないのが普通。そのあたりのバランス感覚は大事です。

こういうバランス感覚も、いろいろな人と話しているうちに、自然に身についてくるものです。話す前から、私にはそのセンスがないなんて、言い訳にすぎません。

「三分間スピーチ」が会社の雰囲気をガラリと変えたワケ

チームの結束力を高める秘訣

一見、仕事には関係のないような個人情報がどれほど人間関係をよくするかを示す話をご紹介しましょう。

私の自動車業界でのキャリアは、三十一歳でホンダに入り、その十年後、ＢＭＷへ。ＢＭＷでは支店長も務めました。支店長として頑張っていたところ、ある日、ヘッド・ハンティングの電話がかかり、フォルクスワーゲン・グループの直営であるファーレン東京の社長にスカウトされたのです。

このとき、先方の申し出は、「もっと車を売ってください」ではなく、「社員を幸せにしてほしい」ということでした。迷った末に、このお話を受けることにした最大の理由は、この言葉の素晴らしさに引かれて、でした。

四年半後、フォルクスワーゲンの売り上げがちょうど倍になったころ、今度は古巣のＢＭＷ東京から、社長へというオファーがあり、私は再び、新たなチャレンジに賭けてみようと思いました。

ＢＭＷにもどって最初に手がけたのは、とにかく社員どうしのコミュニケーションをよくしようということでした。外資系の自動車販売会社は少数精鋭主義で運営されていますから、皆多忙で、社員どうしのコミュニケーションが不足がちになる傾向がありました。

当時のＢＭＷもそのきらいが多分にありました。

そこで私は、本部の四十人ほどのスタッフに毎週一回、三分間スピーチをしてもらうことを考えついたのです。管理職から派遣スタッフ、アルバイトの方まで全員もれなく、です。

「お天気と健康の話だけはのぞいてくださいね。あとはなんでも自由に、話したいと思ったことを話してください」

すると、たいていの人は趣味の話を始めました。ある人は天文学に凝っていたり、ある人は将棋のアマチュア名人を狙っているとか、タップダンスにはまっていたり。

そのうちに、次はだれがどんなことを話してくれるか、毎週、スピーチの日が楽しみになってきました。何よりの成果は、スタッフどうしが以前よりずっと打ち解けて話をするようになったことです。

天文学が好き、将棋が好き、タップダンスが好き、というような話を聞くと、急にその人にたいする関心が深くなります。その人の印象がくっきりとした輪郭を描いてくるのです。その人の意外な一面を知ることにより、その人が断然、魅力的な人に見えてきて、もっと近づいて話をしてみたくなるのですね。

社内の雰囲気が大きく変わったのは、それぞれが魅力的な〝一人の人間〟であることに、皆が気づいたことからだったと思います。

この体験から私は、自信を持ってこう言い切れます。

「おたがい、仕事の話だけしているようでは信頼関係は生まれない。どんなビジネスでも、それではうまくいかない」と。

ビジネスのスキルを持つことは大切です。でも、そのスキルが生きるのは、人間的な温かみをともなった信頼関係が生じたときなのです。

「自分から変える」意識を持つ

最近、新卒社員の三人に一人は、入社三年以内に離職してしまうといわれています。豊かななかで育った現代の若い世代は、会社なんかやめても、フリーターでもなんでもして食べていけると思っています。反面、組織や仕事に純粋に夢を求めてもいるので、厳しい現実とのギャップでやめていくのかもしれません。

人が組織や仕事に求めるもの。それは、何かを達成すること。そして人との触れ合い、仕事を通じて人間関係を深耕していく喜びでしょう。

それには腕のいい営業スタッフ、スキルにすぐれたＩＴ技術者などである前に、一人の人間であることが大切です。おたがいに相手の人間を、一人ひとり、人としての目鼻立ちも個性も価値観も異なる存在であるということを認識し、理解し合う。

そうしたコミュニケーションの機会を持っているでしょうか。もしないなら、自分からチラッと個人情報をおしゃべりしてみればいいのです。だれかが話し出せば、ほかの人もきっと、自分の話をするようになります。

ちょっとした空き時間に、仲間と「話しコミ」これでモチベーションが変わってくる

意識的に「話しコミ」の機会をつくる

三分間スピーチと同時に私が実行したのは、とにかく機会を見つけて、社員と話しこむことでした。

話しこむとは、立ち話よりはもう少していねいに話を聞いたり、こちらの言葉も伝えること。これを私は、「話」と「コミュニケーション」をくっつけて、「話しコミ」と呼んでいます。

これはフォルクスワーゲン東京の社長時代に社員の間から生まれた言葉でもあります。

当時私は皆に、ひざをまじえてよく話し合ってくださいと言いつづけていました。

営業会議の最後に営業部長が所長たちに向かって「今月も話しコミ、よろしく！」と

言ったのがそのきっかけです。

いま、多くの会社の中でいちばん欠けているのはこの「話しコミ」だと思います。考えてみれば、一日会社にいる日には、職場の仲間とは家族より長い時間を共有するのです。

おたがいの理解が欠如していたら組織そのものが成り立ちません。

よく、夫婦の間でも会話がなくなったら終わり、と言いますね。それと同じです。

私はできるだけスタッフの一人ひとりをいつも視野に入れるようにし、「話しコミ」のタイミングを見逃さないようにしていました。

前にも言いましたが、人間は情動の動物です。

共に笑ったり、共に泣いたり。ある感情を共通体験として分かち合ってはじめて人間関係を深めることができるのです。

本当は「喜怒哀楽」を共にして、と言いたいところですが、ビジネスがらみの人間関係は、「怒」と「哀」はほどよくブレーキをかけなければいけません。はじめのうち、そして十分に「話しコミ」に慣れないうちは、喜びや楽しみ、つまり一緒にお腹を抱えて笑える話題のほうをお勧めします。

職場ではどんな場合も、気持ちが前向きになるように話すことが大原則です。笑って、気分が明るくなった。それだけで十分に価値ある「話しコミ」と言えるでしょう。

悩みがありそうな場合は、むしろズバッと聞いてみる

「話しコミ」は、スタッフに迷いが見えたり、悩んでいる様子が見てとれた場合にもよく行ないました。

そんな場合は遠まわしに、「今晩、時間ある？　ちょっとつき合わない？」などとやるよりも、むしろ、「何か悩んでることがあるんじゃないですか？　よかったら聞かせてください」と直球を投げこむことがコツです。悩んでいる人は、真っ正面から向かってもらったほうが話しやすいものです。

こうした悩みも話しやすい人間関係をつくっておくためにも、ふだん一緒に笑い合えるような話しコミをしておくことが必要です。

上司や職場の仲間から、「何か悩みがあるんじゃない？」と声をかけられたら、「い

え、なんでもありません」なんて突っ張るのは無意味です。まわりの人からはよく見えるものなのです。むしろ悩み苦しんでいるところに救いのロープを投げてくれたのだと素直に感謝して、自分をオープンにし、相談にのってもらうぐらいの気持ちを持つことが大事です。

「じつは、……こういうことで悩んでいます。でも、助かりました。いつご相談しようかと迷っていたんです」

と、私のストレートな突っこみに、かえって感謝されたことも一度ならずありました。

ふだんから話しコミをよくしておけば、こうした信頼と感謝を基にした人間関係をしっかりと育んでいけます。

ときどき、ふらっと話しかける
その積み重ねが固いきずなをつくっていく

ビジネス本位の人間関係はもろい

性分もあったのでしょうが、私は自動車の営業をしているときも、よく話しコミをすることがありました。

あるとき、アパートのインターホンを押したら、中から赤ちゃんを抱いた奥さんが出てきました。直感的に、「あまり車に興味のある方ではないな」と思ったのですが、ここでUターンはしないのが私のモットー。それに赤ちゃんがあんまりかわいいので、声をかけずにはいられません。

「かわいいですねぇ。いま、何か月ですか？　そろそろお誕生日くらいですか」

「ええ、来月、一歳になるんですよ。よくわかったわね。それにしても女性の車のセールスってめずらしいですね」

こんな会話をきっかけに、それから数分、話しコミをしたでしょうか。何回か、こうした話しコミを繰り返すうちに、ときにはあげていただき、お茶をご馳走になったり、奥さんが風邪をひいて買い物に出られないというときには、代わって、ちょっとした買い物をしてあげたこともあります。

お年寄りだけでお住まいのお宅でも、同じように、ちょっとした声かけから話しコミに進み、やがて、ときどきふらっと立ち寄っては、「お元気?」と様子を伺うことが習慣になってしまったこともありました。

このお年寄りのご夫婦からは、車を買い換えたいと言っていると息子さんをご紹介いただき、日ごろのおつき合いがビジネスにつながったことも覚えています。

私が長くトップセールスを続けることができたのは、お客様を、車を買っていただくための存在とだけ見ていたわけではなかったからではないかと思っています。まず、お客様を一人の人間と見て、私自身も一人の人間として、おつき合いさせていただくことを、いつも基本にしてきました。

人間どうしのおつき合いならば、相手が困っているときは手助けするのが当たり前です。こうした心と心を通わせたおつき合いは長く続きます。

結果的に、私は、二、三年後、あるいは数年後、車を買い換えるというときにも、ほとんどのお客様から再びお声をかけていただくことができました。なかには、そのときは他社の車を買ったお客様が、十年以上も後にふっとお電話をくださり、「あのとき、親切に応対してくれた林さんが忘れられない。また車を買い換えることになってね、今度はお宅の車をいただきますよ」。そんなこともありました。

お客様の娘さんが就職で悩んでいると伺い、つい、「私にできることがあったら、おっしゃってください」と差し出がましいことを申しあげ、働く女性としてアドバイスをさせていただいたこともありました。このときのおつき合いから、その娘さんの結婚式に呼んでいただき、スピーチまでさせていただいたこともいい思い出になっています。

ビジネスの相手を一人の人間として見る

最近は、コーチングがさかんです。昔は上司が部下を一人ひとり掌握していて、ビジネスに必要なことは上司が教えこんでいったものです。

でも現代のビジネスの世界では猛烈なスピードが要求されます。いまの上司は部下育成の時間も十分にとれず、スキルも落ちぎみです。ですから、プロのコーチングが誕生したのでしょう。それに、最近の若いビジネスパーソンは、かつてなら「常識でしょう?」で片づけることができた、日本語の基礎ができていない人が増えました。敬語など、言葉のマナーも勉強不足です。

会話にもある程度の知識やスキルは必要です。基礎知識を身につけたうえで、忘れてはいけないのは、相手を一人の人間として見て、感じて、思いやる精神です。

効率一辺倒の時代に、私のように、悠長な、もっとはっきり言えば、数字に直結しないような人間関係に気をとられていてはいけない。タイムロスだ、エネルギーロスだと、否定する考え方もあるかもしれません。

でも、ビジネスの相手の顔が数字や業績を示す棒グラフに見えてきてしまったら、あんまり寂しいとは思いませんか。それは社員や部下にたいしても同じです。

私は、相手の顔は数字ではなく、一人ひとり、その人だけの心や思いを持った、たしかな存在として見ていきたいと思っています。

勇気を持って、相手の懐に飛びこむ これだけで、人間関係の悩みの九〇%はなくなる

相手が身構えても、できるだけ気にしない

私は可能なかぎり、従業員食堂で食事をするようにしています。それも、どこでも空いている席に気軽に座ってしまう。となりに座られた人は、一瞬、緊張するようですが、私はいつもの調子で、

「このおそば、おいしいからよくいただくんですよ」

と気さくに話しかけています。

ですから最近では、

「食堂でお見かけしないと思っていたら、出張されていたんですね」とか、「また今日もおそばですか?」なんて、従業員から気さくに声をかけてもらえるようになってきました。

ダイエーのように従業員が五万人もいる組織では、社員どうしのコミュニケーションといっても、そう簡単にはいきません。

実際、「こんなにいたら、コミュニケーションがとれないのでは?」とご質問を受けることもあります。

ですが、ランチタイムのこんな小さなコミュニケーションも、積み重ねていけば、やがて社内に伝播《でんぱ》していく。私はそう固く信じています。

気を使いすぎず、思いきって一歩踏みこむ

「ランチタイム症候群」というものがあるというので、何かと思っていたら、職場の女性たちの間で、ランチに行くのに、ある人だけは誘わない。するとその人は、だれからも誘ってもらえず、一人でランチを食べなければならない不安から、出社拒否にもつながってしまう場合もあるというのですから、驚きます。

なぜ自分から一歩、踏み出さないのでしょう。

私はだれにたいしても自分から話しかけ、自分から話しコミを行なってきたくらい

ですから、じっと自分の殻に閉じこもって、だれかが殻をこじ開けてくれないかなとひたすら待っている人の気持ちを考えると、なんとも寂しい気持ちになります。

そんな他力本願では、たとえ一緒にランチに行ったとしても、話題に入っていけず、結局、寂しい思いをかみしめることになるのではないでしょうか。

コミュニケーションも主体性が大事なのです。

自分からあっさり、「私も一緒に行ってもいいですか」と一言言えば、たいていの場合、問題解決です。

そこまでしても知らん顔をされたり、「私たち、相談があるの。だから、またね」などと拒絶されることもあるでしょう。

でもそれでも翌日はまた、明るく声をかけてみましょう。ネバリ勝ちということもあるのです。

こちらから相手に積極的に近づいていけば、人間関係の悩みの九〇%は解決してしまいます。

同時に、もしランチの誘いの声をかけてもらえないなら、自分のどこに原因があるのかということも考えてみましょう。

よくあるのは、相手に気を使いすぎていること。

自分ではこんなに気を使っているのに、と思っているかもしれませんが、そんなに気を使わなければならないなんて、それだけ相手を信頼していないのだとも言えるでしょう。

もっと素直に。もっとフランクに。もっと開けっぴろげでいいんです。

一緒にランチに行きたいなら、そう言えばいいんだし、ランチタイムを一人、静かに過ごしたいなら、「ごめんなさい。今日はお昼休みにしたいことがあるの」と、正直に、ありのままの気持ちを言葉にすればいいんです。

心に届けるボールも、ストレート！　がいちばん力があるものです。

相手を尊敬するとコミュニケーションが楽しくなる

敬意を持つと、だれとでも気持ちよく話せる

ダイエーに入ってしばらく、私にとって、店舗訪問はひどく疲れるものでした。ダイエーに入るまで、私は六年間社長として、毎日、企業経営に心を砕く日々でした。当然、頭のなかは経営計画、売上高、営業利益など、経営の数字がいっぱい。周囲と話すといっても、経営陣とこうした経営がらみの話をすることが主だったのです。

ダイエーでも、与えられた仕事は経営です。しかも、一度傾きかけた大組織の立て直しです。頭のなかには大きな課題と重い責任がずっしりと詰まっています。

でも現場のパートさんたちにいきなり、今期の経営目標は、なんて話をするわけにはいきません。

前にも触れたと思いますが、むずかしいことをむずかしい言葉で言うことは、コミュニケーション技法としてはいただけません。私は、言葉のやさしさは、心のやさしさに通じると思っています。どんな難解なことでも、相手の方にわかりやすい表現で伝えることが肝心です。

パートさんたちはとても素朴で心が温かい方が多い。毎日スーパーで誠実に一生懸命仕事をして、一方ではあっけらかんと、驚くほどたくましく〝お母さん〟をやっている。このバランス感覚は素晴らしいものです。

はじめのうちはパートさんたち以上に私のほうが戸惑ってしまって、どうしたら私の心を届けることができるのか、パートさんたちの心を開くことができるのか、心を砕く日々でした。

ところが一年たち、二年を過ぎたころ、ある日突然、新幹線のなかで、まったく疲れていないことに気づきました。

「あれ、今日はどうして、こんなに疲れていないんだろう」

考えてみると、そのころからパートさんたちに尊敬の念を持つようになっていたんですね。二十年間、毎日、魚をおろしていますというパートさん。子育てをしながら、三十年間、毎日、野菜売り場に笑顔で立ちつづけているパートさん。皆、グチ一つこぼさず、信じられないほど明るい！

私はいつも新しいことにチャレンジするのが好きで、二十年も三十年も地道な仕事を続けられたとは思いません。

パートさんたちは、私にはとうていできないような生き方をしてきている。そのことに気づいたら、自然に、心の底から尊敬の念が湧いてきました。

自動車販売会社の社長になったときも痛感したことですが、上の立場になればなるほど、企業という組織は底支えをする従業員さんがあって成り立っていることが痛切にわかります。

自動車販売で言えば工場のメカニック。スーパーならバックヤードで荷の出し入れをしている人たち。こういうスタッフがいないと、企業活動は一日だって成立しないのです。

この気づきを得てからは、店舗を回ってパートさんたちと触れ合うことがいちばんの楽しみに変わりました。

どんな人間関係も、粘れば必ずうまくいく

ここまで来るのに二年三か月。人間関係を築いていくには、時間がかかることもあるということです。

うまくいかないとすぐに、「この人とは気が合わない」と決めつけてしまって後は敬遠するばかりでは、それ以上の関係に進化していくわけはありません。

うまくいかないように思えても、ビジネスで触れ合った人間関係はあきらめてはダメ。とにかく一生懸命アプローチしていると、ふとした瞬間に相手の素晴らしいところが見えて、そこから一転、すごく大切な人に見えてくることがあります。

こちらがそういう気持ちを持てば、それは必ず相手に伝わります。

短気はソン気。人間関係においても、「継続は力」です。

苦手な上司にこそ積極的に相談を持ちかける

上司が変われば、「空気」が変わる

上司と部下はそれぞれ果たすべき役割が異なるだけで、どちらが偉いということはありません。それでも上司には一定の権限があり、その権限があるかぎり、あくまでも仕事を進めるうえでという限定つきですが、上司のほうが力を持っていることになります。

だから現実問題としては、部下から心を開いて接触していくのはむずかしい場合のほうが多いでしょう。

私は、組織内の空気を変えることは、上司が変わらないかぎりできないと思っています。上司の振る舞いは、そのくらい大事です。

コミュニケーションのさかんな組織にしたい、風通しのよい組織にしたいというなら、上司のほうから話しかけ、話しコミの機会をどんどんつくっていくように働きかけなければいけない。私はどこの組織に行っても、こう提唱しています。

では、部下は上司の働きかけを待っていればいいかというと、それは考え違いです。上司も部下も、縁あって同じ会社の一員として仕事をしている以上、双方がともにサポートし合うべきです。

部下はどんなふうに上司をサポートすればいいのでしょうか。

具体的に言えば、つねに、どうしたら上司が仕事をやりやすくなるか、という発想で動いてほしい。

コミュニケーションで言えば、上司が話しやすいような雰囲気づくりをする、あるいは話しコミのフックになるような言葉をポンと部下から投げる。

そうして組織がスムーズに回るようになれば、結局は自分の仕事の成果が上がるようになるのです。双方向のコミュニケーションの充実は、必ず双方によい結果をもたらしてくれます。

人は頼られると心を開く

私は現場にいたころ、努めて上司への話しかけ、話しコミを実践してきました。こんにち私があるのは、このおかげではないかと思うほどです。

と言っても、上司に媚《こ》びてきたわけではありません。はっきり言えば、なかにはわがままな上司もありました。若いころに出会った上司に、「気にいらない！」といきなり目の前の机にお茶碗を投げつけられたこともあったぐらいです。

でも、そんなわがままな上司をイヤだイヤだと思っているだけでは、関係性はちっともよくならないし、仕事も進みません。自分の心も閉ざされてしまい、悪循環です。

私はこういう上司には、どんどん相談を持ちかけました。逆に思いきり頼っていったのです。不思議なものですが、人は人に頼られるのはあんがいイヤじゃない。それどころか、相談を持ちかけると明らかにうれしそうで、だんだん心を開いてくれるようになってきます。実際、苦手だと思いこんでいたのに、相談にのってもらってからは私をかわいがってくださるようになった上司も少なくなかったものです。

「苦手意識」こそが「苦手」の最大の原因

相手を絶対にキライにならない。これも私が決めていたことの一つです。もちろん、私にも好き嫌いの感情があります。でも、この人は苦手そうと思ったら、素早く自分に暗示をかけてしまうんです。

「この方にはきっと私の好きなところがある。さて、どこかしら」と宝探しのように、好きなところ探しを楽しむようにしました。そういう気持ちで相手を見ると、必ず好きなところが見つかるのです。

そうするようになって以来、私は、苦手意識というのは、自分が勝手に持っている仮想のハードルなのだと考えるようになりました。

グチを言いたくなる場合も同じようにしています。ちょっと耐えられないな、と思うような人でも、「きっと私に甘えすぎているんだ。でも甘えさせてしまったのは、私にも原因があるのでは?」と考えるのです。もちろん、どうにも受け止められないときもあります。そんなときは、「もう、気にしない」と、その気持ちに無理にでもピリオドを打って、イヤな気持ちも断ち切るようにしてしまいます。

どんな相手とでも必ず同じ距離感で接しつづける

私が特定の人とランチをとらないワケ

さきにランチタイム症候群の話をしましたが、その底にあるのは、社会人になってもまだお友達感覚から抜けきれない、子どもっぽさではないでしょうか。会社で、特定の仲良しグループみたいな関係をつくるべきではありません。

もちろん仕事で出会った人と、やがて無二の親友になれたら、それは最高です。ただし無二の親友になるのはオフタイムだけ。会社内でそれをひけらかしたり、ひけらかすつもりはなくても、それがチラチラ透けて見えるようでは未熟にすぎます。

とくに人の上に立ったら、組織内の人間関係を特別な形にしないように配慮することは絶対に必要です。私は、大勢なら別ですが、特定の人とばかりお昼を食べることはしません。

人の上に立つということ、部長になる、社長になる、というようなことを思い浮かべるかもしれませんが、新入社員が入ってきたらもう、あなたは一年先輩。それだけ〝人の上に立ったのだ〟という自覚を持つべきではありませんか。

服装や雰囲気だけではわからないこと

どんな方とも同じ距離感でおつき合いする。これはお客様にたいしても同じです。

私が扱ってきた車は主に高級車です。一台数百万円から、仕様によっては一千万円を超える車もあります。そんな車を私は、一か月に一八台も売ったことがあります。

なぜ売れるのか。その理由の一つは、服装など外観でお客様を選別しなかったことにあると思っています。

私は、どんな方でも営業所にいらしてくださった方は皆、大切な潜在顧客だと考えていました。ですから、応対はどのお客様も同じ。

実際、ある日、短パン・サンダル姿のお客様が来店されたことがありました。いつものようにていねいにおもてなししましたが、その方はお話しぶりも非常にラフで、お帰りになった後、他の営業スタッフは「なんだ、あの格好は」と話していたぐらいでした。

私は接点を持ったお客様は必ずその日のうちにお宅を訪問することにしていました。このときも、いつものようにお宅を訪問すると、なんとその方は地元の大地主の息子さん。その夜、さっそくお買い上げ！　となったのです。

営業所に遊びに来たお子さんに車の話をして、パンフレットをあげたところ、二か月後、「あのとき子どもがお世話になって」と親御さんが来店され、車を買ってくださったこともありました。

だれにたいしても同じ距離感で向かい合うこと。これがビジネスパーソンとして相手にたいする最低の礼儀であり心遣いだと思っていただきたいですね。

第3章 「ほめぐせ」「感謝ぐせ」をつける

「ほめ言葉」と「ありがとう」が人を動かす

相手の自信のあるポイントをほめる「ほめぐせ」をつけることが大事

「内心ちょっと自信を持っているところ」をすかさずほめる

私のコミュニケーションの原点はとにかくほめること。

人は喜んでいるとき、幸せなときのほうがいいエネルギーに満たされています。ほめて、ほめて、人を幸せな気分にして、そのエネルギーを最大限発揮してもらう。こうすれば、その人は喜びながら、大きな力を発揮してくれるもの。ほめて相手を幸せな気持ちにする。これは最高のビジネス会話術といえるでしょう。

よく、セールスの人は飼犬までほめるといいます。でも私に言わせれば、そんな意味のないほめ方では、人の心はつかめません。もっと本気で、もっと相手の心がグラッとくるようなほめ方をしなければ。

では、何を、どうほめるか。

私は必ず、その人の行なったこと、実際の行動をほめることを第一義にしています。ふだん大人しくて、なかなか発言しない人が思いきって発言した。そんな場合は、「いいご意見ですね。見直しました」とほめる。

人知れずコツコツ努力している人がいれば、「あなたの営業レポート、感心しました。お客様のご要望が小さなことまで、きちんと記録されている。会社にとってはこういう記録が貴重なデータになるんですよ。本当にありがとう」とほめる。

風邪ぎみなのに外回りをしてきた人があれば、「お疲れさま。風邪ぎみみたいだけど、頑張りましたね」とほめる。

コツはその人が、自分でもここは頑張ったな、ここはわれながら自信がある、そう思っているポイントをさりげなく突いてほめることです。

自分では何とも思っていないところをほめられれば、「口先だけでほめられたって」とかえって白々しい気持ちになるのがオチ。でも自分でも、この点はまあ自信があるというところをほめられれば、「やっぱり部長は自分のことをちゃんと見ていてくれてるんだ」とほめ言葉をしっかり受け止めることができるわけです。

そして、ほめ言葉から勇気と力を得て、さらに自信を深めていく。自信は実力を大きく伸ばす最大の牽引力になります。

的を射たほめ言葉は、こうしたプラスの連環を生み出し、人を育て、組織の力を伸ばしていきます。

ふだんから何でも「ほめ慣れる」

「林さんはどうしてそんなに自然に、ほめ言葉が口に出てくるのですか」

よく、こうしたお尋ねを受けます。これは私が、気がつくとだれにでも話しかけることと同じ。すぐにほめることも、長年、車のセールスをやってきて、お客様に少しでも気持ちよく過ごしていただきたいと訓練してきた結果なのです。

私はどんなお客様も、出会ったことが喜びに変わるよう、いい気持ちでお帰りいただくように心がけてきました。すると、その方のよいところが自然に目につくようになり、それを素直に言葉に出すと、自然にほめ言葉になっていったのです。

いきなりほめようとすれば、だれだってぎこちなく、わざとらしいほめ方になってしまいます。まして日本人はふだん、ほめることには慣れていないのですから。

ふだんから何でもほめて、ほめ慣れるようにすると、しだいにほめ言葉が自然に口に出るようになってきます。

ふだんから「あ、いいな」と思うことがあったら、すかさずほめる。報告書がきちんとまとまっていたら、「うん、いい出来だ」と思うだけでなく、相手に向かって、「とてもよくまとまっていましたね。正直、驚きました」とほめる。思っているだけでは相手に伝わらないし、ほめ言葉を口に出す練習になりません。

最初は、自分をほめる練習から始めるのもよいでしょう。「頑張った自分をほめてあげたい」と言ったのは、女子マラソンの有森裕子さん。オリンピック二大会連続メダルの偉業をなし遂げた時でした。

そんな偉業でなくてもいい。二日酔いなのに、遅刻しないで会社に行った。そんなことぐらいでも、自分を大いにほめるのです。

こうして、ほめる練習を何度も繰り返してほめぐせをつけてしまうと、口から出る言葉はしだいに自然なほめ言葉になっていき、ほめる力がぐんぐん身についてきます。

ほめ言葉は潜在能力を引き出す
業績低迷のチームを、ほめ抜いてトップに

人前でもあえて身内をほめる

日本語でいちばんむずかしいのは敬語だといいます。なかでも謙譲表現は、他の国にはほとんどない発想だそうですね。

それと同じ流れをくむ発想なのでしょう。日本では、身内はほめない。むしろけなすぐらいの表現をするほうが奥ゆかしいという考え方があります。

私は、そうした考え方はどうなのかなと思います。他人の前でも、自分の部下をほめたり、家族をほめたり。どこでも積極的に人をほめる精神を通しています。

お客様の前で、「うちの山田は、こういうところがズバ抜けているんですよ。ね、山田さん、大得意だものね」とやってきました。

こう言われれば、山田さんはますます大張り切り。人前でほめられれば、だれだっ

て最高にうれしいでしょう。お客様にとってもほめ言葉は耳に心地よいですし、山田さんにたいする安心感、信頼感も増すでしょう。

それを、いわゆる日本流で、「山田はまだ未熟者で……」とか、「山田は経験不足で、ご迷惑をおかけすることもあるかもしれませんが……」と言っては、お客様にも不安を抱かせてしまいますし、なにより山田さんの気持ちがパッと引き立ちません。

さすがに最近は、愚妻とか、うちのバカ息子といった表現は少なくなってきました。外国風に「うちの奥さんのイタリアンはちょっとしたものでね」などと家族のことはオープンにほめられるようになってきたのですから、次は仕事の〝身内〟にもそれを応用する番です。

徹底的にほめると、何が起こるか

ほめる気になれば、私は成績がよくない人もほめます。BMWに入社して六年後、私は、BMW新宿支店の支店長に任命されました。当時、自動車業界は完全に男性優位の世界でしたから、私が支店長に抜擢《ばってき》されるなんて、夢にも考えていませんでした。

ですが、バブル崩壊後、この店は業績低迷に苦しんでいました。

実際に新宿支店に行ってみると、スタッフは皆、素敵な人ばかりなのに、どこか萎縮してしまっていることに気づきました。たぶん私が支店長になるまで、何人もの支店長に、成績がふるわないと叱られ、注意されてばかりいたのでしょう。

人は叱られてばかりいるとしだいに自信を失っていき、実力を十分発揮できなくなってしまいます。すると結果が出なくなる、ますます自信を失う、さらに萎縮する……と、負のスパイラル、悪循環にはまってしまいます。

そこで私はまず、スタッフの一人ひとりのいいところを見出し、ほめることに徹しました。もともと私は人好き。相手のいいところはすぐに目に入ってくるタチです。ほめどころを見つけるのにとくに苦労はありません。

たとえばセールスとしては未熟でも、車の性能についての知識は豊富という人がいます。そういう人には、

「伊藤さん、お客様へのトランスミッションの説明の仕方、本当に上手でしたね。あいう説明の仕方はちょっとできませんね。感心しました」

こう言われて、いい気持ちにならない人はいないでしょう。何より自信がつきます。

私はこういうほめ方をスタッフ全員に、それぞれその人の個性や持ち味に合わせた方法で実践したのです。

ライバルメーカーの車と競い合っていて、最後のところでライバルメーカーの車を買われてしまった。そんな営業スタッフにも、

「あんなによくやっていらしたのに。でも、あそこまでネバれれば、きっと次のお客様ではいい結果が出せるでしょうね」と言う。本当はそのスタッフは一生懸命やっていたわけではなく、ちょっとした手抜きから競合相手にお客をとられてしまったのだとわかっていても、けっして責めません。その人の可能性を引き出すためには、つねにポジティブな会話を心がける必要があるのです。

すると、しだいにスタッフの顔が元気になり、いきいきとしてきて、半年後、新宿支店は達成率ナンバーワンの輝かしい業績をあげ、それから五年間、ほとんど一位の座を譲りませんでした。

「商品説明」でモノは売れない お客様目線で「感動」を伝える

「自分がどう感じたか」を語らなければ、共感は生まれない

私自身も一消費者。何かを買おうと思って迷ったりしていると、「この商品は、これこれで……」と、いきなりとうとうと商品説明を始める店員さんに出会うことがあります。

私は車のセールス時代、自社の車を「これこれで、性能は抜群」というようなほめ方をしたことはありません。そんなことはカタログに全部書いてあります。それよりも、「私も試乗してみましたけど、加速がなめらかで力強くて、とっても気分がいいんですよ」というように、あくまでも自分が使ってみてどう感じたか、その使用感をお話しすることを心がけました。そのほうがお客様の共感を得やすいからです。

若い女性対象のファッション店の店員さんは、はじめてのお客様とも友達どうしの

ような話し方で、「この服、私、こうやって着ちゃってるんですよ。かわいいですよね」という勧め方をするのだそうです。最初からお客様に共感を求め、その共感をベースに購買へと誘導していくわけですね。

高級車とは多少違いもあるでしょうが、基本的に、現在のお客様はモノはもう十分持っているので、モノの説明をされてもなかなか買う気にはなりません。それよりも感情に訴えかけられ、共感が得られると「それでは」ということになるものなのです。

他社商品を買ったお客様もほめる

せっかくアプローチを続けてきたのに、結局、他社の車を買うことにした、というお客様も当然あります。そんなときも、私はとことんお客様の選択眼をほめました。

「それはいい選択をされましたね。○○はとてもいい車だと思います。……でも、次回はどうぞ、私どもの車を」

迷った末の選択をほめられれば、お客様はどんなに安心されるでしょうか。こうして、お客様の心を次回へとつないでしまうのです。

上司にも部下にもだれにでもはっきりと「ありがとう」を言いつづける

「ありがとう」は、人の心を動かす「魔法の言葉」

ほめることと同時に私が実践してきたのは、お客様にたいしてはもちろんですが、同時に、つねにスタッフや同僚に心から「ありがとう」を言いつづけることです。「ありがとう」は、人の心に届く、いちばんの言葉だと私は思っています。

子育てのとき、たいていの親はまずはじめに、「ありがと」という言葉を教えることからも、それはわかります。

組織にいると往々にして、ポストが上がると、自分の力があったからだとうぬぼれてしまいがちです。秘書やスタッフが何かをしてくれても、「ありがとう」と言うことを忘れ、自分は支店長なのだから、部長なのだから、社長なのだから当たり前だという顔をしてしまう。私もそんな上司に仕えたことがあったので、その轍《てつ》は踏むまいと心に決めていました。

書類をコピーしてもらった、お茶を入れてもらった、とどんな小さなことでも、必ず、「ありがとう」。これはもう、すっかり身についた習慣になっています。

部下のフォローをした場合も、上司のほうから「ありがとう」

車の営業では、最後の詰めのところで、上司が同行営業をすることがよくあります。実際は、部下だけでは話がまとめられない。そこで上司が同行し、ダメ押しをするというのが、本当のところです。

そんな場合も私は、間違っても「一緒に行ってあげる」という気持ちを持たないようにしていました。代わりに、「お客様のところに連れていってもらう」。このように謙虚な気持ちを持てば、必然的に頭が下がってくるのです。

考えてみれば、私が支店長や社長、会長をやれたのは、皆が組織をしっかり支えてくれているからです。従業員が何百人も、あるいはダイエーのように五万人もいる大組織を、どうして社長や会長一人の力で支えることができるでしょうか。

同行営業の帰りには決まって、「あなたと半日、一緒に仕事ができて楽しかったわ、ありがとう」とつけ加えることを忘れたことはありませんでした。

いま私は、ダイエーの各店舗をよく回っていますが、ここでもまず口をついて出てくるのは、「みなさん、ありがとうございます」です。

感謝を示せば、感謝が返ってくる

「ありがとう」と言われれば、自然に、「いいえ、こちらこそありがとうございます」と返すでしょう。こちらから感謝の気持ちを示せば、相手もこちらに感謝してくれる。感謝の連鎖が生まれるのです。

ところが最近は「ありがとう」をはっきり口にしない人も増えています。頭をひょこっと下げるだけだったり、「どうも!」と言うだけだったり。「感謝しているに決まってるじゃない。わざわざ口に出してまで言わなくても」というのでしょうか。

上司に相談したり、教えを受けた場合も、「スミマセン。じゃ、どうも」なんて言って、向こうに行ってしまうようではダメです。いくら部下の指導は上司の仕事の一つだといっても、上司の貴重な時間を割いてもらったわけでしょう。「お時間をいただいて、ありがとうございました」とちゃんと伝える気持ちが大事なのです。「ありがとう」もやっぱり習慣です。いつでもどこでも、「ありがとうございます」と自然に口にする。そんな習慣を身につけてしまうと、ビジネスの場でも、「ありがとうございました」が自然に出るようになってきます。

私はもう、どんな場合も「ありがとう」と言うくせがついてしまっていて、お店に入って、こちらが何かを買っても、「ありがとうございます。いいお買い物ができました」とお礼を言ってお店を出てくるぐらいです。

でもこう言うと、店員さんの顔がぱっと輝いて、その瞬間、おたがいに相手にたいする感謝の思いを共有できるんです。楽しい瞬間です。

以前は家族の間でも、「ありがとうございます」をもっと口にしたものでした。ある調査によれば、夫が「妻に言われてうれしかった一言」の一位は「ありがとう」だったとか。ちなみに「ありがとう」は、妻が「夫に言われてうれしかった一言」の三位にも入っています。

考えてみれば、そのくらい家族間で「ありがとう」と言わなくなってしまっているのですね。親が言わなければ、子どもが親に向かって言うわけはありません。

こうしてしだいに、「ありがとう」と言う習慣が薄らいできてしまったのだったら、ぜひおたがいに「ありがとう」と言葉を交わす習慣を取り戻しましょう。

人の思いは、言葉にしてはじめて、相手に伝わるものです。以心伝心、言葉でなくても心は伝わるということもたしかにあります。でも言葉に出せば、思いはもっと明快に伝わります。「ありがとう」を口に出して言う。それだけでたがいの信頼関係が増し、オフィスのなかの雰囲気は見違えるほど変わると信じています。

何に感謝しているかを具体的に伝える

次は、「ありがとうございます」にさらに磨きをかけていきましょう。

第一のポイントは、語尾まではっきり発音すること。これは、すべての会話に言えることですが、どうも若者の間では、語尾まではっきりと発音しない話し方が増えているように感じます。

「ありが……」ぐらいまでは聞こえるのですが、あとはムニャムニャ。「失礼します」

も「ごめんなさい」も同様です。これはとっても損です。そんな風潮があるいまだからよけい、「ありがとうございます」と語尾まではっきりと聞こえると、「きちんとお礼が言える人だな」と好感度がはね上がるのです。

それから、お礼を言うにも、おもてなしの心は大事です。つまり相手の方をちょっと喜ばせてあげることを一言、つけ加えるのです。と言っても、歯が浮くようなことを言いなさいというわけではなく、相手が不安に思うだろうことをフィードバックし、不安をクリアする言葉を加えるのです。

何かわからないところを教えてもらったのなら、

「ありがとうございました。大変、参考になりました。お客様が解約をご希望された場合の手続きが、これでよくわかりました」とか、「お忙しいなか、お時間いただきまして、ありがとうございました。今日、教えていただいた販促トークのコツ、よくわかりました」と、はっきりと感謝の気持ちを言葉にする。

具体的にポイントをあげてお礼を言われたら、上司としては「ああ、よかった。これで山下君の役に立てた」とちょっとした達成感を味わうことができます。

これが、部下が上司にたいして行なう〝おもてなし〟なのです。

頼みにくいことを頼むときは最初の「声のかけ方」がポイント

相手をいい気持ちにして、こちらに振り向かせる

「鈴木さん、いま、手が空いてる?」

上司にこう声をかけられれば、よほど差し迫った仕事を抱えている場合はともかく、たいていは何をおいても上司のもとに駆けつける。会社組織は、だいたいそんな縦構造になっています。

呼びつけていきなり、「これとこれ、会議資料用にまとめといてくれる? 会議は明日の午後イチからだから、今日中につくっといてもらえると助かるんだけど。一度チェックしたいから」と言いつける。

こんなふうに一方的に命じられれば、だれの口だってみるみるとがってくる。いや、まさか実際に口をとがらすような、幼児性丸出しの人はいないでしょうが、はた目に

も明らかに不機嫌モードに入ったことが見てとれることは少なくありません。

これでは、命じられたほうはいやいやそれをやるわけで、ちっともうれしくありません。同じ仕事をしてもらうなら、もっと喜んでしてもらう方法を工夫すべきです。

私は、何かをやってほしいと依頼する場合、いきなり、「これをやって」「あれをやって」というようなことはしません。

呼んだ相手が部屋に入ってきたら、最初に、相手が喜んでくれそうな一声をかけるのです。

「あら、どこかすっきりしましたね。ダイエットなさったの？」

「あ、わかります？　ええ、ちょっと頑張ったんです。それに、ここのところ仕事も忙しいものですから」

相手も軽いジャブを打ってきます。でも私はさらりと聞き流し、すかさず、

「私にもダイエットのコツ、教えてくださいね」と、相手に花を持たせます。

こうした〝前ふり〟の後だと、

「ところでこの書類、明日の午後イチの会議までにまとめてくださる？　作成した後、一二部、コピーをとって」とけっこう面倒なことをお願いしても、なごやかな雰囲気

で、「はい、頑張ります」ということになります。

仕事ですから、上司が部下に指示をするのは当然です。でも「当然」だからこそ、そこに一言あって気持ちをほぐしてもらえたら、こんなにうれしいことはありません。同じやってもらうなら、気持ちよくやってもらったほうが、おたがいにメリットが多いじゃないですか。頼んだほうも頼まれたほうも、心が弾んでいる。喜んでやる仕事をする場合にはいい意味の高ぶりがあって、仕事もはかどります。

むずかしい仕事だからこそ「ぜひあなたにやってもらいたい」

さらにつけ加えるのは、「この仕事、このあたりがちょっとむずかしいと思うのよ。だからこそ、あなたにやっていただきたくて、お呼びしたんだけど」という一言です。実際は、ちょっと面倒ではあるけれど、技術的にはけっしてむずかしくない。だれにでもできるレベルの仕事だとしても、「ぜひ、あなたにやっていただきたいの」「あなた、こういうのお得意だから、適任だと思って」と言うのです。

ここまで言われれば、だれだって内心うれしくないわけはありません。自分を特別に評価してくれている、自分の長所をちゃんと評価してくれている、そういう特別感が、「絶対、しっかり仕上げよう」という気を湧き立たせます。

こういう人の心理の機微まで思いやってコミュニケーションすれば、上司と部下の間がうまくいかないなんてことはなくなるはずだと思うのです。

私は、組織内のコミュニケーションをよくする責任は上司にあると考えています。たとえば、ホウ・レン・ソウ（報告・連絡・相談）は、普通、部下から上司へ行なうものと考えられています。でも、ホウ・レン・ソウこそ、上司から部下へ。つまり上司のほうからするようにしたほうがよい。これが私の持論です。

会社のなかでは、どうしても部下は上司に言いづらいこともあるのです。そこで上司のほうから、「あの件、どうなっている？」と水を向ける。そうすれば、部下もちゃんと報告します。

また、社内稟議《りんぎ》にかけた案件に関して、上司のほうから、「あの件は、いまこういう段階にあるから」と報告したり、経営に関して、オープンにできる部分はどんどん部下に開示する。こうして上司が心を開けば、部下の心も自然に大きく開かれてきて、コミュニケーションはスムーズにとれるようになっていきます。

ただ「頑張って！」では、むしろやる気は落ちる「期待している」「信頼している」と伝える

だれだって、精一杯頑張っている

どうも最近、成績がいまひとつふるわない。そんなスタッフや仲間がいたら、見て見ぬふりをしていないで、一声かけてあげる配慮は欠かせません。

ところがこういう場合、たいていはネガティブな話しかけから入ってしまいます。

これでは百害あって一利なし。

「なんか最近、パッとしないなぁ。もっと頑張ってくれよな」

こう言って、肩の一つも叩く。それがスタッフを鼓舞激励することだと思っている人が少なくないのが実情でしょう。しかしこれでは、

「あ、オレ……、いま、低調だってことがはた目にもわかっちゃうんだ。まいったなぁ」と相手の気持ちをますます追いこむ結果になるだけです。よく、うつ状態の人に

「頑張って！」と声をかけてはいけないといいますね。それと共通しています。

たいていの人は、ちゃんと真面目に頑張っているのです。それでも思うような結果が出ないので途方に暮れている。それなのに「頑張れよ」と言われてしまう。ますます、どうしたらよいかわからなくなってしまうじゃありませんか。

ですから私は「頑張ってください」とは言いません。そんな当たり前のことを言ったってしかたがない。

では、どう言うか。

「あなたには本当に期待してるんですよ」「あなたのことは全然、心配してません。必ず力を発揮できる人だから」

かえってこういう言葉のほうが、相手の沈んだ心に火をつけて、やる気を燃え立たせることができます。

「頑張る」は自分にたいして使う言葉

では、私のビジネス会話の辞書では「頑張る」という言葉は封印してある？　そうではなく、私は「頑張る」という言葉は自分にたいして使います。たとえば、目の前の人にもっと頑張ってほしいと強く願っている。そんなときはこう言うんです。

「私も頑張りますから、一緒にやりましょうね」

「私もさらに頑張りますから、あなたもお願いね」

もちろん、私にはトップマネジメントとしての仕事が山積していますから、実際は、その人と一緒に、現場で販売活動をするわけではありません。でもこう言われると、「自分ももっと力を出さなくちゃ！」と、元気を取り戻せるでしょう？

もちろん、チームメイトどうしだって、「自分も頑張る。一緒にやろう！」と言えば、「君にはもっと頑張ってもらいたいんだ」という心は十分伝わります。

方向性を示してからの「頑張って」は力強いエールになる

それに成果が出ていない人は、「頑張れ！」と言われても、何をどう頑張っていいのかがわからないということもよくあります。

そんな場合は「頑張れ」と十回言うより、相手の問題点を指摘してあげるほうが、ずっとよい成果につながります。とはいえ頭ごなしに、「あなたはこういうところがダメ」と言っては、元も子もなくしてしまうだけ。

コミュニケーションの基本は、感謝と共感です。どんな場合にもここに立ち戻ればうまくいきます。

「あなたには本当に感謝しています。あなたが地味な仕事をコツコツとやってくれているから、この支店が成り立っているのだから。本当にありがとう」

そう言ってから、

「もう少し、自分の仕事にエネルギーを集中してみたらどうかしら。詰めをもう少し、きめ細かくやってみるとか」

こんなふうに問題点を指摘されれば、どう頑張ればよいのか方向性が見えてきます。

こう言ってからなら、

「あと一押しで、必ず結果は出てくるはず。思いきってやってみて」という言葉が、力強いエールを送るキメ言葉になるのです。

やる気を引き出す方法

ものを頼むときにメールは最悪 率直な言葉で相手にぶつかる

上司の大切な仕事の一つは、スタッフのやる気を引き出し、「目標を達成することは苦しいことではなく、むしろ楽しく、人生を充実させるものだ」ということを伝えていくことだと思います。

アメリカの思想家ロバート・シュラーが「意欲的な目標は人生を楽しくする」と言っているように、意欲的な目標を持つことは、今日より明日を前進させることであり、けっして人にプレッシャーを与えるものではないはずなのです。

ところが最近では、スタッフに前向きな意欲を持たせる力を持つ上司がどんどん少なくなっているように感じられてなりません。目先の効率と、先行きを考えた真の効率を見間違えてしまっているのです。

成果主義を重んじるなら、まずは上司の、スタッフをやる気にさせるコミュニケーション・スキルにもっと磨きをかけなければいけないと思います。

ところが最近の上司のコミュニケーション能力は落ちていくばかり。ポストが上がれば上がるほど抱える部下は多くなり、どうしても、スタッフ一人ひとりと直接接する機会は減ってしまう。それに輪をかけて、社内連絡もメールですませることが多く、スタッフとの個人的な接点がますます希薄になってきているからでしょう。

本当にやる気を引き出したいなら、スタッフと顔を突き合わせ、生の声で、仕事の主旨を伝えるべきなのです。

人を動かすのは、人の力しかありません。文書やメールで届けられた指示は事務的、無機的で、上司がスタッフに伝えるべき熱い思いは伝わりにくいのです。

前にも述べたように、多数の人に一斉にメッセージを伝えることができる、伝えた内容を保存できるなど、メールは社内連絡ツールとしても、非常に有用です。その便宜性はもちろん生かす。私ももちろん、最大限、メールを活用しています。

でも肝心要《かなめ》の、やる気を引き出す、熱い思いを共有するというようなコミュニケーションには、メールでは力不足だということをしっかり認識しておくべきでしょう。

少し前まで、NHKで放送していた『プロジェクトX』は、高度成長期、日本経済の発展を支えた数々のビッグプロジェクトの裏側にあった人間模様を伝えるドキュメンタリー番組で、私も、ほとんど毎回、楽しみに見ていたものです。

何より素晴らしいと感激したのは、あの時代は、上司と部下の間に、たしかな人間関係が存在していたことです。最近の上司と部下は、仕事を超えて、固い人間関係が結ばれるということがなくなってしまいました。忙しさにかまけて、なのでしょうか。それとも、よく言えば、皆がスマートになりすぎて、自分のすべてをさらけ出して全身全霊で向き合うことができなくなってしまったのでしょうか。

よしあしはあるでしょうが、休みの日には部下を家に招き、奥さんは手料理で夫の部下をもてなす。そうして共に人生を語り、理想を語り、仕事への夢をとうとうと語り合った……。いつまでも独身を続けている部下を見れば、上司が縁談を世話することも珍しくなかったものです。上司と部下は、そのくらい、全方位的に、人生のあらゆる側面で固く結びついた人間関係を築いていました。

いまどき、それをそのまま復活させろというわけではありません。第一、現代の若い世代は、そんなことを望んではいないでしょうし、上司世代も、スタッフとそこまで関わり合う気持ちも覚悟もない人が増えているでしょう。

「生の声」には理屈を超えた力がある

でも、人と人の関係は、心のふれあいがあってこそ。私はどんな場合にも、これをおろそかにしないでやってきました。

メールで指示を出した場合でも、ちょっと電話をかけて、一声かけます。

メールだけの指示だと、「こんなこと急に言われたって、こっちにも予定があるんだから」などと内心、不満でモヤモヤ……。そこへ上司から電話で一声。

「期待しているからね。頼んだわね」と明るい声で言われれば、モヤモヤもいっぺんに吹き飛んでしまいます。

スタッフやチームメイトに本当にやる気になってもらうには、目標数値を大書したメールを繰り返し送るよりも、この一声のほうが効き目は大きい！　私はそう信じて「一声かける」を実践しています。

「飲みニケーション」に頼らない人間関係を深めたいなら、お酒抜きの席でじっくり

酒の席の「無礼講」では、心は通じない

いまの若い人は、上司と向き合って話すことを避けがちです。

一方、上司はそうした部下たちとの関係になんとなく不安を感じると、たいてい、「どうだ？ 今晩あたり、一杯？」と、「飲みニケーション」に誘います。

女性の管理職でも、こうした努力を一生懸命している人をたまに見かけます。

でも私は、「飲みニケーション」に頼ることはあまりお勧めできません。若い人は、アフターファイブまで上司と一緒はうれしくないというのが本音でしょうし、そもそもお酒の場とは、いかにも本音をさらしているようで、じつはそうでもないからです。

たとえば、飲みに行ったその夜は、おたがいに打ち解けて話すことができるかもしれません。日ごろ、どうしても口にできなかった上司にたいする注文の一つも口にで

きた……。

でも、それで気分がすっきりしたかというと、けっしてそんなことはないのです。翌朝、「なんか言い過ぎちゃったな」と会社に向かう足が重くなり、上司と顔を合わせたとたん、「昨晩はたいへん失礼いたしました！」と平謝り。

上司のほうだって、「今晩は無礼講だぞ」なんて言いながら、どこかで、ちゃんと言われたことは覚えています。言い過ぎがあればカチンときますし、「あいつは失礼なヤツだ」という印象が残ってしまわないとは言えません。

上司と部下が飲みに行くと、大騒ぎして盛り上がっているわりには、どこかシラッとしているのは、そんな理由があるからです。

お酒の後のカラオケで、歌いたくない人に向かって、上司が「業務命令だ！」なんて大きな声をあげるのもいただけません。アフターファイブは原則として上司も部下もなし。業務命令ももちろん、無効です。

同僚と一緒に飲む場合は、ついつい上司や会社への不満やグチになりがちです。

そんな憂さばらしの飲みニケーションもときには必要ですが、そればかりでは寂しいですね。

もし問題点があるなら、自分の立場で何ができるか、大いに語り合ってほしいものです。いくらグチをこぼしたってラチはあきません。でも前向きな話なら、飲んだ後の気分だって、晴れ晴れしてくるはずです。

「今度」と「そのうち」は、「しない」という意味

仕事の悩みとか相談ごとは、お酒抜きの席で、しっかりおたがいが向き合いながら話すこと。飲みに行くのは、ある程度、結論が見えてきてからにするとよいと思います。

それから、「そのうち、お食事でも」「ああ、いいですね。では、いずれ」とか、「今度いかがですか、一杯」「うれしいです。お声をかけていただいて。そのうち、機会を見て」というようなやりとりが儀礼的に繰り返されることがあるようですが、私は、こういうのもかえって失礼だと思っています。

「今度」と「そのうち」は「なし」ということ――というように、「今度、ぜひ」と言って、お食事やお酒の席が実現することはめったにありません。実現しないことを

前提に、片方は、「あなたと親しくなりたい」というメッセージを送ったつもり、相手は、「ぜひ、そのうち……」と受け止めたつもりになっているだけ。こんな関係は不毛です。

「お食事でも」「お酒でも」と口に出したら、「いつならご都合がよろしいですか」とさっそく具体的な話にするべきです。

また、多少お酒が入っても、仕事の関係者どうしの席ならば、ちゃんと仕事の話をすべきだと思います。オフィシャルな席では話しにくい本音を交えて話すこともあるでしょう。

こうして、おたがいが本音を話す。でも、話は絶対に前向きに。そんなアフターファイブのおつき合いなら、巡り巡って、仕事の大きな力になっていくことは間違いありません。

第4章　言いづらいことほど本気で伝える

感謝される「断る・叱る・詫びる」の伝え方

「お断り」「言いづらいこと」ほど明るく伝える
コツは、素直に、シンプルに話す

会話術で最もむずかしいのは、「ノー」と言うこと

大人と子どもの世界の大きな差、その一つは、「大人は、言いづらいこともちゃんと伝えなければならない」ことですね。

子どもは、相手の気持ちなどあまり気遣わずに何でも言ってのけますが、大人は、それを言っても相手を不快な気持ちにさせないようにしなければ失格。「言いづらいことをちゃんと言ってくれて、ありがとう」と言いたくなるような気持ちに持っていければ、さらに大きく前進です。

相手はこちらが忙しいことがわかっていても用件を頼んでくることがあります。就職先を紹介してほしいとか、ときには事業の支援をしてほしいということもあります。イエスと答えられるのならいいですが、そうでない場合は苦慮《くりょ》します。

叱る、クレームをつけるのもむずかしい会話の一つ。人間、腹が立つこともありますが、腹を立てていることを、怒りをあらわさずに相手に伝えるのもむずかしい。会話術で最もむずかしいのは、「ノー」と言うことだと痛感します。

プライベートでもビジネスシーンでも、コミュニケーションの半分以上はこうした言いづらいコミュニケーションかもしれません。

言いづらいことをどう伝えるか。それこそがコミュニケーション力の実力が問われるとき。ぜひ、腕を磨いてください。

素直に、シンプルに言う人のほうが好感が持てる

まずは面倒な用件を人に頼まなくてはいけないときは、どのような言い方をすればいいでしょうか。

私はセールス時代に、あれこれ考えているくらいなら、さっさと行動してしまったほうが、仕事が確実に進むということを繰り返し体験してきました。

そして現在のような立場になって、ご依頼ごとが多くなってみると、面倒なことほ

ど率直に、シンプルに言っていただいたほうが好感が持てると実感しています。

　仕事につながるどなたかを紹介してほしい、という場面があったとします。

「もし、できたら」「ご迷惑でなかったら」「たいへん申しわけないのですが」とくだくだしい前置きをするほうがていねいだとはかぎりません。

「たしか加藤さんとお親しいと伺っています。ぜひ、ご紹介いただけますか？」と率直に用件を言われたほうが、よほどすっきりと聞こえます。

　これまで何回も触れてきましたが、ネガティブな状況であればあるほど、人間味を伝えることが重要です。

　面倒な依頼ごとがメールで飛びこめば「多忙につき、ご依頼の件はお引き受けかねます。ご拝察ください」などとパパッと打って送信して終わり、ですまされても文句は言えないでしょう。

　でも電話や手紙（それも手書き）で依頼されれば、そう簡単にはお断りできません。とくに相手の声を聞いてしまうと、「なんとかお役に立てないかしら」と考え直すということになるのです。

断るときには感謝の言葉を添える

最近、私のやってきた仕事に関心を持ってくださる方が増えて、本の出版のお話、取材や講演のご依頼を頻繁にいただきます。

私には、女性がもっと働きやすい環境を整えていきたいという願いがあります。出版や講演などの活動を通じて、少しでもその願いを実現できたら、という思いは強いのです。

そのためには、私がやってきたことをもっと知っていただくことも意味があるでしょうし、私がここまでやってきた仕事の方法や心がけてきたことも、もっと知っていただきたいと思っています。

ですから、そうしたお話はできるだけ前向きに検討したいところですが、どうしても時間が取れず、お話の多くはお断りせざるを得ないのが実情です。

お断りすることは、相手の思いにお応えできないのですから、できるかぎり電話で「申しわけありません。どうしても時間が取れなくて。お声をかけてくださって、ありがとうございました」とお話ししています。

断るときほど誠意をこめて、がコミュニケーションの原則です。

申し出に添えないことをお詫びすると同時に、必ず感謝の言葉を伝えます。私に目を留め、声をかけてくださった。普通ではなかなか得られない出版や講演の機会を与えようとしてくださったことには、心から感謝しているからです。

最初に結論を言う

「宝塚を見に行かない？」「展覧会のチケットが二枚あるの」こんな誘いが舞いこんだのだが、すでに予定がある。その展覧会はあまり興味がないので気が進まないなどの理由で断らなければならない場合も同じです。

断るときの原則は、早めに結論を言うことです。

「宝塚、誘ってくださってありがとう。今月の星組の公演、とっても評判がいいようね。新聞の劇評でも、すごくほめていたわ。チケット手に入れるの、きっと苦労なさったでしょう？」などと長々おしゃべりするので、「あ、よかった。都合がいいんだ」と喜びかけていると、最後になって、「でも残念、私その日、出張なの」と結局はノ」。

こういう断り方は、相手の気持ちを二度、裏切ることになるのです。

「ごめんなさい。その日はどうしても都合がつかないの」

と断ったら、それ以上、あれこれ言い訳をすることはかえってマイナスだと考えたほうがいいでしょう。

そのあと、「今度、お食事でもいかが？　六本木においしいお店を見つけたの。ぜひ、ご一緒したいわ」のように言えば、あれこれ言い訳する以上に、相手は、自分とつき合うことに積極的な意志を感じて、けっして悪い印象は持たないものです。

どんな場合も、相手をいい気持ちにして、コミュニケーションを締めくくること。

こうして、断りの電話をいいコミュニケーションに変えてしまう。これこそ、大人の会話術の真骨頂です。

断られたときこそチャンス！さわやかに、明るく断られること

断られたときも、心からお礼を

トップセールスの座を何年も人に譲らなかったくらいなのだから、林さんはほとんど断られたことがないのでしょう、と思っている方もあるようですが、毎日百人の方を訪問していても、実際に売れるのは月に七、八台。断られても断られてもめげずに、次また次へと声をかけて、ようやく成約に持ちこんだ結果がこれです。

では、残りの大多数のお客様との接点はムダだった？　私は、そんなもったいない考え方をしたことはありません。前にも言ったように、どんなお客様も潜在顧客。人間関係で言えば、どんな方も、出会った方はすべてなんらかのご縁があった方です。

そのご縁は、末長く大事にしていきたいと考えています。だから私は、買っていただけなかったお客様にも必ず、ていねいにお礼を申しあげるようにしていました。

あるお客様の例です。この方は、お決めになるまでずいぶん時間がかかって、私は三か月も商談を続け、夜遅く、何度となく、ご自宅まで足を運びました。でも、結果的には、「他社の車を買うことにした」と言われてしまいました。

もちろん、私は内心、がっくりです。でもこういうときにどう振る舞うかで、真価が問われる。そう自分に活を入れます。

私はこのお客様に、心からお礼を申しあげました。

「とても残念です。もちろん、車を買っていただければうれしいですが……。それ以上に、何より残念なのは、もうお客様とおつき合いができなくなってしまうことです。三か月間、とてもよくしていただきました。夜、遅くお邪魔してもお宅におあげくださり、奥様にもご親切に応対していただきました。ご主人様とのお話も楽しかったですし、いろいろ勉強もさせていただきました。車をお売りすることができれば、お客様と末長くおつき合いできると、それは楽しみにしていたんです。

本当にお世話になり、ありがとうございました。また、ご縁がありましたら、どうぞよろしくお願いいたします」

半年後のことです。そのお客様からお電話があり、「友達が車を買いたいと言っているので、ぜひ林さんをご紹介したい」と言ってくださり、お友達に一台、買っていただきました。人間関係まで〝断られた〟わけではなかったのです。

「断られること＝ノー」ではない

人としては縁があっても、車では縁がなかった。セールスではこういう場合も少なくありません。その方は私の扱っていた車ではなく、他社の車が気に入られたのですからしかたありません。仕事にはこういうことはつきものなのです。

断る側にも心の痛みはあるのです。三か月も通ってもらって悪かったな、この林という担当者は本当に頑張っていたのに、報いることができなかった……というように。その痛みを強く意識させてはダメ。そのためのコツが、断られたほうから、何もかもポジティブに響く話し方でお礼を述べることなのです。

三か月も足を運んでもらったのに悪かったなぁと思っている。そこへ、「三か月間、いろいろ勉強になりました。ありがとうございました」と言われたら、ぐらりと来ませんか。

商談がまとまらなかったからといって、人間関係までゼロにする必要はないのです。

営業活動も同じ。そのときは結果が出なかったとしても、人間関係は成立したのですから、その意味ではちゃんと成果は出たのだと考えればいいわけでしょう。

でも、その後も人間関係を続けていくためには、断られたときに、どんな印象を残すかが決め手になるわけです。

断ったのに、明るくさわやかに、じつに後味のいい挨拶が返ってきたら、「ああ、本当にいい人だったのに」とかえって忘れられない人間に昇格してしまうんです。

こう考えれば、断られたときほど自分を印象づけるチャンスだとわかるでしょう。

仕事は長い目で見て、結果を出していくもの。一回一回の仕事で、いちいち「勝った！」とか「負けた！」なんて考える必要はありません。

もちろん、断られて平然としているのもよくありません。「本当に残念でした」という思いは十分に伝えます。でも、あとはさわやかに明るく。そして感謝する。

悔しがったり、反省したりする必要がないと言っているわけではありません。それは、一人の時間にじっくり、深々とすべきことだと思ってください。

一度断られると、引き下がる人がほとんど うまく再アプローチすると、関係が深まる

めげずに再チャレンジされると心は動く

さきにもお話ししたとおり、かなりのご依頼ごとをやむなくお断りしているのですが、気がつくとスケジュール表は一杯。

大事なセレモニーがあり、予備日に、と空けておいたはずの日にまで、予定が入ってしまいます。

こういう日の予定はたいてい、一度はお断りしたものの、再度ご依頼を受けてお話を伺っているうちに、それならば、と心が動いてしまった結果です。

人間は、自分が必要とされているという状況には弱いもの。あなたが大好きです、どうしてもあなたでないと、という気持ちを表されれば、どんなに忙しくても、つい「なんとかして伺います」と返事をしてしまうものなのです。

マスコミでも活躍されているあるドクターが、こんな内輪話を披露されていました。執筆や講演の依頼を受けたとき、「今回は忙しくて、お申し出には応えられません。また次の機会に……」。

これは、お断りするときの常套句ですね。

でも、なかにはその言葉を真に受けるのか、わかっていて、あえてしらばくれるのか、

「先生、次と言うと、いつごろならよろしいでしょうか」

と畳みかけてくる人がいるのだそうです。

「そこまで言われると、引き受けざるを得ません」とドクター。

私もまったく同感です。

「次と言うと、いつごろならよろしいでしょうか」の言葉の奥にあるのは、どうしてもあなたに講演してほしい、取材を受けてほしいという熱意です。人はこうした熱意にはかぎりなく弱いものです。

スッと引きつつも、何度も声をかける

最近はお客様もプライベートな時間を大切にしますし、ショールームにおいでいただいてお話しすることが多くなりました。見込み客の管理もデータ化が進み、効率的な訪問活動を追求するのはいいのですが、お客様に積極的に触れようとする気持ちが薄らいでいるようです。

私がセールスを始めた一九七〇年代は訪問販売が主流でした。

夜討ち朝駆け。夜、お客様のお宅を訪問すると、遅くまで頑張っているとほめられ、家にあげてもらえました。

商談がうまくいかなかったときはすっと引いて、「また今度、お願いしてもいいですか」「またお邪魔してもいいですか」の一言を残して帰るようにしました。

これは相手に「あなたとの関係は切りません。大事な相手ですから」という思いを伝える言葉でもあるのです。

一度断られるとそこで終わり。二度、三度とアプローチするのはくどい、しつこい

と嫌われると思っている人もあります。

でも自分に置き換えて考えてみれば、答えはすぐに出ます。二度、三度と声をかけられれば、やっぱりうれしいものでしょう。

「またご連絡しちゃいました。ちょっと話を聞いていただけますか？」

前に断った営業の人から、そんなアプローチがあると、どこかほっとしませんか？

人の縁が切れてしまう。これはとっても大きな損失だから、相手もどこかで後悔していることが多いもの。

そこにもう一度アプローチしてきてくれたら、ほっと救われる思いさえします。相手のはかりしれない熱意が伝わってきて、人間関係が一気に加速することだってあるくらいです。

「ほめる力」は叱るときにこそ光る

相手のいいところをほめてから、本題に入る

無意味な叱り方、伸ばす叱り方

業績がふるわない。ミスをした。態度に問題がある。こういうときは、どうしても部下を叱らなければなりません。

上司に期待されている仕事の一つは部下の育成です。

叱ることは、人の育成においても、非常に大きなウエイトを占めています。

よく上司のほうがカッカとしてしまって、大声をあげていることがありますね。私は、そういう叱り方はしないようにしています。怒ってしまったら何もかも台無しになってしまう。「怒りは短き狂気なり」という言葉がありますが、怒っていいことは一つもないと心にしっかり刻んでおくことです。

もちろん私も人間ですから、喜怒哀楽の感情はちゃんとあります。だから叱る前に

は、何と何をどう伝えるかを頭のなかで準備しておくようにしています。

私は偉いわけでも何でもない。たまたま職制上、ポストが与えられているから、部下の指導も仕事のうち。仕事をよりよくするために叱るのだと、自分でも改めて意識してから、当人に声をかけます。

このくらい慎重に心の準備をしておいても、支店長時代、ときには感情が激して、机を叩いてしまったり、私のほうが思わず涙ぐんでしまったこともありました。大事な部下を、好きこのんで叱るわけないじゃないですか。なんで叱るような事態になってしまったんだろう。それが口惜しくてたまらない。涙は口惜し涙です。

だから口から出る言葉も、「あなたともあろう人が何をやっているの。私は口惜しいです」となるのです。

こちらに真心があれば、ときには激することがあっても、言いたいことは必ず相手に伝わります。何度、注意しても同じ失敗を繰り返したりすると、まれには、口惜しさを感情的にぶつけてしまうこともありましたが、私がそこまで真剣に口惜しがったことはかえって相手の胸を打ったようで、以後、信頼感がいっそう強くなりました。

叱ることを恐れてはいけません。臆することなく、勇気を持って、タイミングを逸することなく、叱るようにしましょう。

叱るときにも、必ずほめる

前に私はとにかく人をほめるとお話ししました。そしてみなさんにも、ほめぐせ、ほめる力を身につけてくださいとお願いしました。じつはほめる力がついてくると、ちゃんと叱ることができるようになるんです。

私は叱るときも、「あなたは素晴らしいものを持っている。それなのに、どうしてそれを生かさないんですか？　残念です。それに、何より口惜しい。私はあなたにとても期待しているんですよ」と言います。「こんなにいいところがあるのにこんな現状だなんて、ほんとうに口惜しい」と言うこともあります。

こんなふうにほめて、相手が心を開いたときに、叱るべきことをしっかり、ときにはとことん叱ります。叱るときに遠慮や戸惑いは厳禁なのです。

「今日はちょっと、つらいことを言わせてもらいます」「うそは言いたくないから、はっきり言います」と宣言し、はっきり、とことん叱ったほうがいいのです。

叱ったあとのフォローを忘れないことも大事。

「いろいろ言ったけれど、わかっていただけた？　私はあなたを信頼しています。あなたなら、きっとできる。大丈夫」と、前向きな言葉で締めくくります。「いま言ったことを直せば、すごくよくなりますよ」という言い方で相手を励ますこともあります。

そして最後は、「いろいろ聞いてくれて、ありがとう」です。叱っても「ありがとう」は忘れてはならない言葉です。

たくさんの部下を持つ身になって、必要にかられて何人もの、いい大人を叱ってきたわけですが、私は叱りながら、心のなかでは苦しさをかみしめていました。これでよかったのか、とたえず反芻していました。

叱られたほうも、そんな上司の気持ちを思いやれるようになってくれれば、叱りがいもあったということですね。

人が失敗してしまったときは責任を自分も共有する表現で指摘する

自分も一緒に悩んでいることを伝える

部下が失敗をした場合の対応も、管理職としての管理能力を問われる局面です。こんな場合も私は、一方的に批判するような言い方はしません。

「そんなことがあったんですか。その場に私がいればよかったですね。ごめんなさい」

あるいは、

「私の目が行き届かなかったためです。かえっていやな思いをさせてしまって、ごめんなさい」

こう言って、うまくいかなかったことは上司である私の責任が大、ということをまず伝えるのです。

口先だけでこう言っているわけではありません。管理職とはその名の通り、部下を管理することが仕事です。そのためにある程度の権限を与えられていますが、権限と同じだけ責任もあります。だから部下の失敗は、上司の責任でもあるのです。

そうした意識から、私はつねに、部下と一緒に悩むことを心がけてきました。上司がよく口にするのは、

「あれほど言っておいたじゃないか。それをちゃんと実行しないから、こんなミスを起こすんだ」

これではまるで、自分はちゃんと指導していた。だからミスは自分には関係がないと言わんばかりです。

ミスをしたとき、いちばん傷ついているのは当人です。その当人をさらに追いこむような言い方はまずい。絶対に避けなければいけません。

これは同僚でも同じです。

「あら、どうしてこんなことしちゃったの？　どうするの？」というような言い方はミスをした同僚を突き放すだけ。励ましにもなりません。

「ごめんね。私が手伝ってあげればよかったわ」とか、「私も同じことをやってしま

ったかもしれない。むずかしいね」のように言えば、相手にあなたのやさしさが伝わります。

「自分も同じ失敗をしたことがある。だから……」

叱るとき、私はよく、自分の経験談を話します。

「若いときの失敗は買ってでもしろ」と言います。先輩社員の失敗体験は、そのくらい価値あるものです。それを上司から部下へと伝えていく。あるいはスタッフどうしが共有する。そうすることによって、失敗という貴重な経営資源が何倍にもふくらんでいくのだとも言えます。

最近はどこの企業でも、接客スタッフなどがミスやクレーム例に遭遇すると、全員でメールを使用し情報を共有して再発防止に努めています。

でも直接、上司がわざわざ自分に声をかけてくれたのなら、その価値はもっと大きく感じられるでしょう。

「私も若いころ、同じような失敗をしたことがあるんです。だからあなたが同じことをしているのを見て、本当にもったいないと思って。それでつい言葉がきつくなってしまうんですね。いま気をつければ、私のときほど大きな失敗にはならないはず」

こう言うと、深く心に届きます。

上司もかつては自分と同じように、失敗をしたり成果が上がらなかったりという道をたどってきたんだ――こうした共感は、上司と部下の心理的距離を一気に縮める効果もあります。

ときには、「あなたのファンだから、つい言っちゃうんですね」とまで言うことがあります。これは特別その人のことを好きというわけではなくてもです。人に言いにくいことを言わなければならない場合は、そのくらいの〝演技力〟も必要です。

同僚がミスをした場合も、「あ、オレもよくやっちゃうんだよね。……こうするとあんがい、問題解決しやすいよ」。

同僚どうしでこんなコミュニケーションが取れる会社なら、ミスがあってもそれは何倍にも生かされ、けっしてマイナスにはなりません。

叱られたら、「ありがとうございました」そのあとは、「鈍感力」

叱られたときも、必ず感謝の言葉を

立場を一八〇度転換して、叱られたほうはどんな受け答えをすればいいかを考えてみましょう。

叱るほうも、愛情がなければ叱る気になんてならないということを念頭においてください。

「社長。そこまで言っていただいて、本当にすっきりしました。……じつは自分でも、ずっとこれでいいのかって悩んでいたんです。言いにくいことをご指摘いただいて、ありがとうございました」

こう言われて、私のほうがちょっとうるっと来そうになってしまったこともあります。

叱ってもらってうれしかった、と言った部下もありました。そういう気持ちが少しでもあれば、それをそのまま口に出すといいですね。

とにかく、自分らしく、率直に。素直さを第一に、ということ。

「なんか久しぶりです、こんなに叱られたの。子どものときにオヤジに叱られて以来かなぁ。……部長、ありがとうございました」

こんなふうに自然な感謝を口にされると、上司のほうだって、

「いや、私もちょっと言い過ぎちゃったな。でも、ちゃんと聞いてくれてありがとう」と感謝の言葉を口に出すでしょう。

叱っていると、つい自分をコントロールしきれないことがある。そんな自分が恥ずかしいものです。上司は、まさに自分の身をさらし、ある意味では恥をさらして、叱るんです。

おたがいに、素《す》の人間味を出しあう。叱る・叱られるというのは、そんな時間を共有することであるとも言えるでしょう。「雨降って、地固まる」ではないけれど、叱ってくれた人の胸に飛びこむという気持ちが大切ですね。新しい信頼関係が生まれます。

ところが実際は、ちょっときつく叱ると、すぐふくれてしまう。「はい、わかりました」と言えばまだいいほう。

なかには、ペコリと形ばかり頭を下げて、立ち去ってしまう。そんな態度をとる人も少なくない。

言い訳やヘリクツをこねる人もいますが、叱られたその場では口に出さないのが賢明です。主張したいことがあるなら、改めて機会を見て言う。あるいは、黙って飲みこみ、我慢する。こうした体験を重ねることにより、人間性が深まっていくという一面もあるのです。

叱られたらまず、「申しわけありませんでした」とはっきり詫びる。それから、「ご指摘、ありがとうございました」とていねいにお礼を言う。ここまできっちりやれば、そこから先は、もう素の自分の感情に従って、落ちこむならとことん落ちこめばいい。こうしたリアクションは、人間だったら当然でしょう。

もちろん会社のなかでは、そういう態度は禁物です。すぐにミスのカバーや後始末をします。

でも会社を一歩出たら、叱られたことなんて忘れてもいい。イヤなことは、いつまでもお腹にためておかないほうがいいに決まっています。

お酒を飲んでもいいし、早寝するのもいい。自分の人間性をあまり押しつぶさないようにしたほうがいいのです。一晩ぐっすり寝て、つらかった昨日を忘れてしまうことも知恵です。

組織にいれば、理不尽なことで叱られたり、上司の機嫌が悪く、八つ当たりで叱責されることもあるでしょう。そんな場合は、反発したり、言い返せば、事態は悪化するばかりです。ときにはこういう理不尽さを黙って受け止めるのも、人間関係の一つなのですね。言われたことなど気にしないと、鈍感になるのもいい方法です。

人はだれも完璧ではない。だから人間関係にも完璧を求めすぎない。欠落部分を補い合う関係もまた、コミュニケーションの一つなのだ――こうしたことがわかってくれば、あなたのコミュニケーション術は大きく前進したと自信を持っていいのです。

どうしてもイヤなことには、はっきり「ノー」これが信頼感を持たれる断り方

「すみません……でも、大丈夫でしょうか？」

会社勤めをしていれば、残業はつきものと言ってもいいくらいです。

でもだれだって、仕事人という顔のほかに、もう一つ、一人の人間としての顔をちゃんと持っています。この個人の生活が楽しく幸せでないと、仕事もはかばかしい結果が出ません。

仕事は、人を幸せにするためのもの。滅私奉公をさせて、個人から幸せを奪うようでは、本末転倒もいいところです。

とはいえ、実際に上司から急に残業を命じられても、「ノー」と言えない。言いにくい。うっかり断ればあとの仕事がやりにくいと考え、我慢してしまう人も多い。

でも、それでいいのでしょうか？

経済活動はますますグローバル化してきており、企業競争もグローバルな波に洗われています。

グローバル競争のなかで日本が強みを発揮しているのは、高付加価値の見こめる製造業と、知的満足や精神的満足を提供するヒューマンサービス産業部門でしょう。資源小国、高いマンパワーコストという日本が置かれた環境では、最善の選択肢でもあるわけです。

こうした仕事であればあるほど、働く人のモチベーションがモノを言います。何よりも、その人が本当にやる気を燃え立たせてくれることが大事です。社員一人ひとりが幸せで、喜びに満ちて仕事をしてくれないと、仕事のクオリティーアップは望めない。多くの企業で、こう考えるようになっています。ワークライフバランスに熱心に取り組む企業が増えてきているのがその表れです。

ですから、いやいや仕事をする必要はありません。都合の悪い日は残業も「今日はちょっと都合が悪いので」と断ってもいいんです。もちろん、それなりの理由は必要です。単なるわがままだったり、サボりぐせ、怠けぐせからというのは話になりません。

そうでないなら、イヤならイヤ。「ノー」という勇気を持ちましょう。自分をはっきり主張することも、ビジネスコミュニケーションでは大事です。

イヤなことをはっきり相手に伝えることができる人のほうが、かえって信頼を得やすいと思います。

でも断る前に、話を持ちかけてきた相手の立場をちょっと思いやる気持ちを持つことが大事です。同じ断るにしても、「すみません、ちょっと都合が悪くて。でも、大丈夫でしょうか」のように言うと、最後に相手への思いやりがにじみ、けっして悪い感情を残すことはないと思います。

いつ手が空くか、目安を伝える

「話し方」の本には、「ウソも方便」。断るときにはウソでもいいから、できない理由を伝える、などと書いてあることがあります。

もちろんケース・バイ・ケースですが、私はどんな場合もできるだけ正直に向き合い、話をする関係のほうが、長い目で見れば必ずうまくいくと考えています。

そして上司には、ウソはちゃんとわかるのです。

それから、断るのなら、次は必ず引き受けることを自分に約束するようにしましょう。

仕事中、次から次へと雑用を命じてくる上司なら、「すみません。いまプレゼン用の資料の作成で手いっぱいなので」などと断ってもかまいません。このとき、「あと一時間ぐらいで終わりますが」あるいは「午前中いっぱいはプレゼンの準備にかかっていると思います」といったように手が空く目安を伝えるようにすると、私なら、かえって、しっかり仕事をしてくれている、と好印象を持ちます。

もう、おわかりですね。

問題は断るかどうかではないのです。誠実に仕事に向き合っていることをちゃんと伝えるようにすれば、上司は一方的な押しつけをすることはないと言ってよいと思います。

人間に怒りはつきもの 怒る人に悪い人はいないと思うこと

「怒り」を見せても益はない

人はいろいろ。たしかになかには、怒りやすい人っています。

私はどちらかといえばあまり怒ることが少ない人間です。

長い営業経験から、お客様と接する姿勢が身についてしまったから、ということもあるでしょう。一人っ子で育ったせいか、子どものころから、争いごとは嫌いでした。けんかをすると、かえってなんとも寂しい気持ちになる。その寂しさがイヤでした。同じ遊ぶなら、仲良く遊んだほうがずっと楽しいのに……。けんかをする友達を、少し距離を置いて見ていたものです。

そんな性格であるうえ、たくさんのお客様を相手にする仕事を選んだものですから、さらに怒ることはなくなっていきました。お客様のなかには、無理を承知のうえで強引な要求をなさる方もありました。でも、相手はお客様。そう思えば、無理を言われて困ることはあっても、怒ることは本当になかったですね。

お客様や相手のわがままは、「ご冗談をおっしゃって」とさらりと受け流すようにしていました。相手は内心、「こんなことを言われたら、きっと困るに決まっている」と思っていたようで、私がまともに受け取らなければ、拍子抜けしてしまいます。なんとなく危うい雰囲気になりそうだったら、こんなふうに、わざとタイミングをずらしてしまうことも、コミュニケーションスキルの一つです。

ムキになって、「いくらなんでも、それはできません」などと真っ正面から取り合わず、さりとて相手に「無視された」という印象も与えない。ときには本当でもなければ嘘でもないという虚実ないまぜにした会話を交わしながら、時間を稼いでしまうのも知恵です。

怒りは瞬時の感情の乱れです。怒りにまともに向き合えば、火に油を注ぐ結果になり、収拾がつかなくなってしまいますが、まともに向き合わなければ、たいていはやがて治まります。

だいたい、カンカンに怒る人に悪い人はありません。正直で、どちらかというと純粋な人。だからお腹にためているものがなく、一度、爆発させてしまえば、あとは思いのほかうまくいくことが多いものです。

自分の怒りも同じ。怒ってしまったとき、何かを言い出せば、自分の言葉でありながら、言葉が次の言葉をあおっていってしまうのです。

あ、腹が立ってしまった、と気づいたら、相手にわからないように気を散らし、怒りをなし崩しにしてしまうか、話題を転換し、気持ちを切り替え、なんとか怒りから脱するようにしてみましょう。

我慢をためこむのがいちばんよくない

男性優位の業界のなかで、女性の私がトップの成績を取りつづけてきたのです。当然、嫉妬や反感をもろに受けたこともあります。相手にひどい態度を取られて、さすがに落ちこんでしまったこともありました。体調が悪くなり、どうにもならないほど疲れてしまったこともあります。

それでも私がやってこれたのは、こういうときには自分から、「ちょっと体調が悪いんです。ごめんなさいね」と言ってしまったからでしょう。もちろんある程度は我慢しますが、けっして我慢しすぎない。我慢をためこみすぎると、かえって大きな怒りにつながるもの。時にはあっさりと弱みを見せてしまうことです。

そもそもまわりからの嫉妬や反感というものは、気にしだすと、どんどん深みにはまっていってしまいます。

人にはだれしも嫉妬心はある、いらいらとして人に当たることもある、そういう感情は人間ならだれもが持って当たり前だと割り切って、相手に共感する寛大さを持てば、そう傷つくこともなくなるのではと思います。

自分も無理せず、たまには怒っていい。

職場のなかで、たがいに我慢をしすぎて、人間関係が悪くなってしまっていることもあるのではないでしょうか。

第5章 口下手な人も、こうすればうまく話せる

じっくり聞く、ひたすら相手を受け入れる

「うまい一言」なんて必要なし！口下手な人は、傷つくことを恐れずに

傷つくことを恐れすぎているのでは？

話しかけ、話しコミを進んでやるようにすれば、コミュニケーションはうまくいきます。私が講演などでそうお話しすると、必ずと言ってもいいほど、「林さんのようにできれば、どんなにいいかと思います。……でも、私は生来の口下手で、うまく人と話すことができないんです。なんとか口下手を克服する方法はないでしょうか。ぜひ、それを教えてください」とご質問を受けます。

生来の口下手という人があるのかどうかはわかりませんが、たしかに、あまりお話が上手ではないな、という方はいらっしゃいます。そういう方は、話が上手か下手かの前に、人と向き合う覚悟が少し足りないのではないかと思います。

人間関係は、ある意味では、生身の人間と生身の人間のぶつかり合い。恥をかくと

きもあれば、傷つくこともある。ところが、最初からそれを避けている方が少なくないのです。

はっきり言って、生身の自分をさらけ出すのはイヤ、仕事上の人間関係はビジネスライクですませたいと思っているかぎり、いい人間関係をつくることはできません。

口下手だという方のなかには、少しでも自分をよく見てほしいと背伸びしていたり、下手なことを言って相手にされなかったらどうしようと考えたり、皆から一目置かれるようなしゃれた一言を言いたいと考えているうちに、結果的に、話しかけるタイミングを逸してしまう人が少なくありません。

あるいは、自信がないのか、自分を必要以上にガードしている人もあります。たとえば、きれいな花が咲いている場所があったとします。でも、そのまわりに鉄条網が巡らせてあれば、だれも近づかなくなってしまうでしょう。過剰にガードをしている人は、まわりの人も近づきにくい雰囲気になってしまうのです。

ときには失敗することもある。傷つくこともある。それが人間なのです。でも、大丈夫。体に自然治癒力があるように、人の心にも自然治癒力があります。この自然治癒力は人と触れ合っているほどに強化されていくものです。

反対に、傷つくことを恐れるあまり、生身の人に触れることを避けていれば、心の自然治癒力はどんどん低下してしまいます。最近、うつや引きこもりの人が増えているのは、子どものころから人と触れ合い、ぶつかり合って遊ぶ経験を積み重ねてきていない、そんな世代が増えていることと無関係ではないはずです。

「最初の一言」のカベを越えれば、ガラッと変わる

たとえ人づき合いが下手だとしても、もっと人と触れ合いたい、つき合いたいという気持ちがあるなら、その気持ちに素直に向き合ってみることです。上手な会話をする、うまくコミュニケーションするというのは、二の次、三の次でいいんです。

私のランチスタイルは前にお話ししましたね。社員食堂でもどこでも、空いている席に、「ここ、よろしいですか？」と言って座り、自分のほうから話しかける……。

まず、「ここ、空いてますか？」「ここ、いいですか？」と言う勇気を持つ。そこから始めてみてはいかがでしょう。同じテーブルを囲めば、だれからともなく、自然な会話が生まれるはず。最初は、その会話の座に加わっているだけでもいいのです。その

うち、一言、二言……。それが発展して、人間関係が芽生えていくのですから。

私は小さいころからだれにでもかわいがられる性格で、学校の先生からとなり近所のおじさん、おばさんまで、周囲の大人にずいぶんかわいがってもらいました。

なぜ、あんなにかわいがられたのだろう？　いまになって振り返ると、私はとにかく素直な子でした。素直なことは人間関係では、すごく大事なのですね。

母が仕事をしていて日中は留守という家庭環境でしたから、寂しかったのだとも思います。でも寂しいからといって突っ張ったりいじけたりするのではなく、私はだれにでも人なつっこく話しかけ、自分から仲良くなるように近づいていく子でした。

転校生に話しかけるのも私がいちばん先。すぐさまその子に学校内や近所を案内してあげる。そのころから、とにかく相手を精一杯〝おもてなし〟してしまうというところがありました。

人づき合いが下手だと悩んでいるということは、もっと人とつき合いたいと望んでいるわけでしょう？　その思いを素直に、率直に行動に移せばいいんです。

最初の一言を口に出してしまえば、あとは案外、うまく話せるものだと思います。

必要なのは、まず、最初の一言を口にする勇気です。

とにかく、相手の話をよく聞く自分の話を聞いてくれる人を嫌いになる人はいない

「話を聞いてくれる人」は印象に残る

熱心に話を聞いてくれる人に出会うと、本当にうれしいもの。逆に考えるなら、口下手、人づき合いが下手だと悩んでいるなら、とにかく、人の話を一生懸命聞くようにすること。それだけで、自分の存在を強く印象づけることができます。

話し手に顔をしっかり向け、ときどき大きくうなずいたり、「そうだったのか」「なるほど。よくわかった」と、目に豊かな表情を浮かべるなど、熱心に話を聞いていれば、自然に態度ににじみ出るものです。

多数の方を相手にお話しする講演でも、熱心に聞いてくださる方はすぐにわかります。私は、講演は、できるだけ皆さんに等しく話しかけるようにしていますが、でも、そこは人間。人一倍、熱心に聞いていていてくださる方がいると、つい、その方のほうに

目をやってしまいます。

会議でも同じ。相手にちゃんと目を向けて話を聞いている人は、発言者の目には、非常に信頼できる人だと映ります。こうして相手に、しっかりと自分の存在を印象づけてしまえば、コミュニケーションは半ば成立したも同然です。話し手の顔を見る、目線を合わせるということは、すでに相手と接触したことになるのです。

ところが最近、人と目を合わせようとしない人がけっこういます。少人数の席やミーティングで、ろくに目を合わせようとしない人に出会うと、言葉ではどんなに立派なことを言っていても、その言葉がちっとも胸に響いてきません。

フェイス・トゥ・フェイス。せっかく、実際に顔を合わせてお話しする機会を得たのですから、相手の顔を見て、しっかり相手の目を見て話す習慣をぜひ身につけておきたいものです。

もっとも、なかにはじっと凝視しつづける人がいます。これではまるで監視されているよう。目に力がこもりすぎ、にらまれているような気になることもあります。

このあたりの加減は、自分で覚えていくほかはありません。鏡の前でほどよい加減をチェックし、気をつけていると、自然に身についていくはずです。

スピーカーに敬意を払えば、言葉が耳に入ってくる

人前で話す機会が増えてくるにつれ、人前でお話しすることがどれだけエネルギーを必要とすることなのか、身に沁みてわかるようになってきました。

正直に申しあげれば、スピーチを終えたあとはどっと疲れがこみあげてきます。でも笑顔で拍手をいただいたりすると、その疲れも吹き飛びます。人から反応を示されるのは、そのくらいうれしいことなのです。

聞き手にまわった場合は、話し手（スピーカー）に、敬意をちゃんと示すこと。ビジネスシーンでは、プレゼンテーションを受けることも多いと思います。そんなときこちらが発注側であっても、「聞いてやった」という顔は失礼もいいところ。企画案をプレゼンするには、データを集める、企画を練りこむなど、かなりのエネルギーを費やしてきているのです。仮にそのプレゼンテーションが、ピントはずれであったり、訴求力に欠けるものであったとしても、プレゼン中はきちんと話を聞くこと。そして終わったら、「提案、ありがとうございました」とまず一言かけるのがマナーです。

最近のビジネスはコラボレート、つまり提携先のアイデアやスキルも組みこんで、

スケールアップ、レベルアップしていくことが随所で求められるようになっています。コラボレートの成果が上がるかどうか。それは相手の考えや意見を敬意を持って聞く力があるかないかにかかっていると言っても過言ではないでしょう。

メモを取るときは、ときどき相手を見ながら

熱心にメモを取っている人も好印象です。仕事なら当然ですが、一言、「メモを取らせていただきます」という言葉があると、よりていねいですね。

メモを取るのはいいのですが、ずっと下を向きっぱなし。ひたすらペンを動かすだけだったりすると、やはり、どこか空しい。ちゃんとわかってくださっているのかしら、と心配になってしまうことさえあります。

メモを取るのはポイントだけ。原則は、適当なタイミングで相手を見て、話を一生懸命聞いています、と伝えることが大切です。

言葉以外にも、気持ちを伝える方法は、こんなにたくさんあることを知りましょう。

自分二〇%、相手が八〇%
これが、感じのよい会話のバランス

聞き上手は「話せるヤツ」と思われる

口下手で悩んでいるなら、話し手に回るのはやめて、とことん聞き手に徹することもいい方法です。

話し上手は聞き上手。よく言われることですが、これほどコミュニケーションの本質を突いた言葉はないと言ってもいいくらいでしょう。

会話は、自分が二〇%、相手が八〇%話すのがベストなバランスだと聞いたことがあります。人はそのくらい自分を主張したい生き物だということです。

私がトップセールスを続けられたのも、「聞くこと」に徹したおかげです。のちに経営に移ってしまったので、販売記録は通算一一五〇台で打ち止めになりましたが、セールスを続けていたら記録はもっと伸ばせたと自信を持って言えます。

その最大の理由は、私は一にも二にも、お客様のおっしゃることを聞くようにしていたこと。

営業なのだから当たり前だろう、と言う方もあるかもしれません。でも、自分で言うのも何ですが、これがなかなかできないのです。車に関しては、私どもはプロです。プロらしくあれもこれも話したいという気持ちになりがちです。

「もの言わざるは腹ふくるる思いなり」。兼好法師ではありませんが、人はだれでも、自分の言いたいことをある程度、吐き出さないと満足しないところがあります。

接客の場合だけでなく、とにかく、相手の言いたいことを全部、聞いてあげますという態度で接すると、その後のコミュニケーションはずっとスムーズになります。自分で延々としゃべっておいて妙なのですが、相手がいい聞き手だと、「アイツは話せるヤツだ」となるんですね。

聞き上手のコツは、相手が先へ先へと話しやすいように、ときどき合いの手をはさんだり、あいづちを打つだけ。これなら、多少、口下手でもできるでしょう。

一方的に話しているだけでは、相手がちゃんと聞いていてくれているかどうか、不安になります。あいづちや合いの手は、「ちゃんと聞いていますよ」のサインです。

でも、どう合いの手を入れたらよいのかわからない。あいづちの打ち方がわからない？　そんな場合は、相手の話の最後の部分を繰り返すという方法があります。

「昨日、久しぶりに両親のところに行ってきたんだ」

「ご両親のところにですか」

というように。それだけで相手は話を先へと進められます。

近年は経営者の会合に参加する機会が増えましたが、そうした席でときどき「昔、林さんから車を買ったことがあるんですよ」と声をかけられることがあります。

皆さんが異口同音におっしゃるのが、

「あんなに熱心にこちらの言うことを聞いてくれる営業には、あとにも先にも会ったことがない。だから、林さんのことは忘れられませんでしたよ」という言葉です。

ただ一生懸命、話を聞く。それだけで、こんなにも深い印象を残すのですね。

私は、伺ったお話から汲み取れるご要望をできるだけ反映して商談を進めていきました。いろいろお話を伺いながら、どこがいちばん大事なのか、この点は場合によっては後回しにしていいかと、要望に優先順位をつけるようにもしていました。

こうして話を聞きながら、情報を整理していくことも大事ですね。自分でもわけがわからないほどあれこれしゃべってしまったけど、本当はこれが言いたかったんだ、という答えを示してあげるのです。

その瞬間、「ああ、この人は、自分のことをここまで理解してくれたんだ」と深い信頼が生まれます。

ひたすら相手を受け入れる

聞き上手の条件はもう一つ。

基本は、相手の言うことはとりあえず受け入れることとです。そんなバカな話と思っても、すぐに反論するのは、相手の話のコシを折るだけ。たちまち気まずい雰囲気になってしまいます。

私は、お客様のお話はどんな無理難題でもとにかくまず、受け入れてきました。

何度も対応して、解決したと思っても次々クレームをつけてくるお客様もいれば、代金を全額返せと言われたこともありました。同僚は呆れ顔をし、もういい加減にしたら、と言うだけでしたが、私はそのつど、クレームの内容をとことん伺い、とにか

く お詫びをして、それからできるかぎりの対応をしたのです。それを何度、繰り返したでしょう。

そのお客様のお一人が、ずいぶん後になって、再びお見えになり、

「いやぁ、あのころのことを思い出すと恥ずかしい。当時はぼく、若くて、それにちょっとイライラしていたんですよね。八つ当たりばかりしていた。……でも、林さんくらい話を聞いてくれ、親切にしてくれた人はいなかったです。社長になられたって伺って、やっぱり、社長になる人は違うものだって、改めて昔のことを思い出しましてね」

その間、十数年はたっていたでしょうか。その方が、昔の、少々バツの悪い思いを乗り越えて訪ねてきてくださった。それだけでも本当にうれしかったのに、その方は、「社長就任のご祝儀だ」と言って、車を購入してくださいました。

ある日、一通の手紙が届き、以来、親しい人間関係が復活した例もあります。

この方は、大学院時代に私から車を買ってくださったのですが、ご自分が会社の社長になられたとき、手紙をくださったのです。

「あれから何台も車を買いましたが、あなたのように親身になって話を聞いてくれる

人はありませんでした。……いまは自分もこういう立場になりました。じつはしょっちゅう、林さんのことを社員に話して聞かせているんですよ」

お手紙を読んでいるうちに、私もはっきりその方を思い出し、社長就任のお祝いのお花をお送りしました。そしたら、感激なさってすぐに訪ねて来られ、三十何年ぶりに再会！　請われるままにその会社に伺い、従業員さんを前にお話ししたり、何かと情報交換したりと、いまではいい交友関係を続けています。

それもこれも、私がひたすら聞くことに徹したことから。聞き役に徹したおかげで、三十年ぶりに再び人間関係の花が咲いたのです。

ビジネストークばかりでなく、私は、いつでも、相手のお話にどこまでもつき合う覚悟で臨んでいます。もちろん、時間制限があるのはしかたのないこと。あくまでも気持ちのうえで、ですが。

ときに「林さんはお話が上手ね」とほめていただくことがありますが、その実像は、ひたすら相手を受け入れながら、熱心に話を聞くことだったのです。

相手が言いたいことは先取りしない
言いにくいことはこちらから切り出す

「言いにくそうにしていること」に気づく

どうしても言わなければならない。でも、なんとなく言いにくいことってあります。車のセールスの例でお話しすると、お支払いのことがその典型です。

お客様はある車を気に入った。でもなかなか契約の話に移っていかない。そんな場合はたいてい、「予算オーバーだな」とか、「即金で買うのはちょっとハードルが高い」などと頭のなかであれこれ迷っているもの。

こういう話は、お客様から言わせてはいけないんです。お客様にイヤな思いをさせない。相手に恥をかかせない。

これもコミュニケーション、とくにビジネスのコミュニケーションでは大事なポイントです。

そうした気配を察すると私は、

「いまはローンを組まれたほうがおトクですよ」とか「最近はローンでお求めの方が多いんですが、いかがですか。ご説明だけでもさせていただきましょうか」とさりげなく声をかけました。

もともと、あっさり「ローンで」と口にできないお客様です。こちらがそこまで言っても、「いやぁ、買うなら現金でいただきますよ」なんて言われる方も少なくありません。

そんな反応に出会ったら、

「現金で、なんて必要ありません。現在のお車の下取り価格がこれくらい。こんなに低金利なのですから、ローンになさらないともったいないですよ」

と、相手の本音を絶対に言わせないようにしながら、話は相手が望む方向に導いていくのです。

長年、セールスをしていれば、お客様の懐具合はだいたいわかります。お宅に伺ったりすれば、さらによくわかります。

この方は現金でなんておっしゃっているけど、自由になるお金はそんなにはないというのが本音のところ。

「現金はお出しにならないでください。ぜひローンでお願いします」

するど、「ローンのほうが林さんもいいの？」とおっしゃる。

そんなときはさらに「そうなんです。ローンのご契約をいただくことも、私どもの仕事の一つですから……」。

こんなふうに、言いにくいことを相手に言わせない。これも、コミュニケーション・スキルでは大事なことですね。

相手の話題を横取りしない

逆に最悪なのは、言いにくいことどころか、むしろ人が話したがっていることを言わせずに、話題を横取りしてしまう人です。

「この間、久しぶりに『ローマの休日』を見たんだけど、あのヘップバーンの美しさといったら……」と話はこれからいいところに向かおうとしているのに、

「私は『ティファニー』のオードリーのほうが好きよ。あの映画の衣装ってね……」

それから延々、自分の話ばかり。

相手が話したかった話題はとうとう最後まで復活しません。こういう自己中心的な人は増える一方です。

子ども一人のまわりに、六人、あるいは八人もの、その子を溺愛する人間がいるという時代です（両親、双方の祖父母。それに最近はシングルライフを続けるおじ・おばまで加わるそうです）。

ちょっと自分が自己中心的だという自覚があるなら、少なくとも相手の話が全部終わるまで、自分のほうからは話題を切り出さないように、と自分に釘を刺しておくこと。

相手が切り出した話題は最後まで聞く。

こう心していると、だんだん、相手の話を聞けるようになっていきます。

言葉の最後まではっきり発音する録音して聞き直すと、欠点がよくわかる

声が小さいと、自信がなさそうに見える

「私は話が苦手で」という方のなかには、声に自信を持っていないため、という人がけっこうあります。

「声美人」などと言うこともありますが、よく通るきれいな声の持ち主はうらやましいですね。

でも、声はたぶんに生まれつきのものでもあるし、自分に与えられたものを、最高に生かせば、それでよしとしませんか。

通る声、通りにくい声の違いはたしかにあります。

でも、聞きにくい声を出す人はたいてい、自信がなく、および腰で声を出しているからなんです。そのため、声が小さい人はなんとなく自信がないという印象になりが

ち。

少しぐらい見当違いでもいい。間違ってもいい。発言するときは、大きくはっきりと発声すること。

そう努めていると、だんだん声に力が出てきます。

声に力が出てくると、人前で話す自信もついてきて、だんだん自分自身の考えに自信が持てるようになってくるから不思議です。

あるアナウンサーに伺った話ですが、たいていの人は口の開け方が足りないそうです。アナウンサーの修業時代は、毎日、口を思いきり縦に開いたり、横にぐーっと開いたりする練習をするそうです。

口を大きく開けると、声音も違ってくるといいます。

講演をするようになって改めて知ったことですが、スピーカーはだれでも、ステージに上がるまではのどをとても大事にします。

わざわざ話を聞きにきてくださった方に一人残らず声が届くようにお話ししなくては失礼にあたりますし、せっかくお話しするのですから、そうでなければもったいないという気持ちもあります。

講演を始める前に、発声練習に余念のない方もあります。

声に自信がなくて、そのために人と話すことに自信が持てないなんて、つまらないじゃないですか。

声もある程度はトレーニングしだい、なのですから。

必要以上に声が大きすぎるのも困ります。新幹線に乗ったときなど、車両中に響きわたるような声でしゃべりあっている団体客に出会うことがあります。

周囲の人のことも考えて、ほどよいボリュームで話すようにする。これは社会人としての自覚と品格を問われることでもあると思います。

自分の話し方を客観的に知る

講演をすると、ときどき、講演テープを送っていただくことがあります。いまではもう慣れましたが、はじめのころは、自分の講演を聞くことにはけっこうな抵抗がありました。恥ずかしいのが先にたちます。

自分でもまあ、うまく話せたかなと思っている。まわりの方も、「林さんは本当にお話し上手で」と言ってくださる。でも再生してみると、ここも気になる、あそこも気になる。気になるところがたくさんあることに気づくのです。

私は話のプロではない、中身で勝負すればいい、なんて開き直ってみても、そこは人間。やっぱり気になるところは、できれば直していきたいと思うようになります。

いま、「林さんは話が上手だ」と言っていただけるのは、こうした気づきから、自分でも少しずつ話し方を反省し、研究してきたためでもあると思います。

話し方に自信が持てないなら、自分の会話を録音してみて、どこが聞きにくいのか、なぜ面白くないのか、自分で確かめてみましょう。

一本調子で抑揚がないために、人を引きつけられない。語尾まではっきり発音していないため、ぐずぐずして、引き締まった印象に欠ける、というように、いろんな気づきに促され、そこを直せばいいんだとわかると、少し自信がよみがえります。

自信が持てれば、話し上手にそれだけ近づいたということになるのです。

第6章 逃げずに真剣に相手と向き合う

深い人間関係を育てると、人生が豊かになる

簡単に人から逃げない人と深く関わりつづけると、品格が身につく

品格は人との関わり合いでしか身につかない

〇六年三月、私はある雑誌で、読者が選んだ「品格ある女性ビジネスパーソン」の第一位に選ばれるというお知らせをいただきました。これはとてもうれしかったです。自分では本当に恐縮しているのですが。

その前年の〇五年五月、アメリカの経済誌『フォーブス』の「世界でもっとも影響力のある女性100人」の一人に選んでいただいたり、同じ年の十月に、これもアメリカの経済誌『フォーチュン』の「米国外のビジネス界・最強の女性」で十位に選ばれるなど、光栄な評価をいただいたことは何度かあるのですが、「品格ある……」という評価には、そのいずれにも劣らない大きな喜びを感じました。

『女性の品格』（坂東眞理子著・PHP新書）というベストセラーがあることからもわか

るように、いま女性に、そして人に求められている最も大事なものは「品格」ではないでしょうか。

そして品格は、人との関わり合いのなかでこそ、身につき、備わっていくものだと思うのです。反対に言えば、人と深く関わることなくして、品格が養われることはないと言えるでしょう。

人のなかにぐっと深く踏みこんでいけば、ときには手痛い反発にあったり、思いもかけない反応にあったりすることもあります。でも人はこうしたいろいろなせめぎ合いのなかで成長していき、さまざまな人との関係を乗り越えることによって、成長していくものです。

人は相手の反応でしか、自分の姿を見ることはできません。他人という鏡に映し出されて、はじめて自分が見えるのです。他人と向かい合うことがなければ鏡を見る機会もなく、自分自身をどう磨いていけばよいのか、わかりません。

品格は自分以外の人と喜んだり、ときには悲しみを共有したり、深く交わる過程を経てしだいに磨かれていくのです。

やがてその人の存在の奥深いところから、なんとも言えない品格がにじみ出てくる……。品格はギラギラと目を射るような輝きではなく、おだやかにやさしく、温かくあたりを包む、そんな輝きだと思うのです。

「品格ある女性ビジネスパーソン」に選んでいただけたのは、私がこれまで、信念として貫き通してきた、「ひたむきに人と向き合う」仕事の仕方を高く評価していただいたからだと思っています。

人間関係を深めると、人生に深入りできる

ところがいまの方は、自分を拒絶されたくない、傷つきたくないと、人に深く関わることを恐れるあまり、あえて深入りしない。その結果、上っ面な人間関係で終わってしまう傾向が強いように思います。

上司と部下の関係は言うまでもなく、恋愛でも同じ。ちょっと気に入らないことがあるとあっけなく転職してしまう。恋にもあっさりピリオドを打ってしまう。こういう生き方を重ねていっても、最後に残るのは空しさだけでしょう。

少し前、還暦を迎えました。迎えるまでは、「還暦」という言葉に少し抵抗があっ

たのですが、実際に迎えてみると、やはり人生には、こうした区切りがあってよいと、人生の折節に句読点を設けた、先人の知恵に深く打たれました。

還暦という言葉をかみしめながら、これまで歩んできた軌跡を振り返ると、そこに浮かび上がってくるのは人の顔ばかり。

子どものころ、「文子ちゃん、うちでご飯、食べていけば」と声をかけてくれた近所のおばちゃん。はじめて社会に出たとき、出会った上司の顔。車のセールスを始めたころ、「車が売れたら、自分できれいに洗車して、ワックスをかけて、お客様のところにお届けに行くんだよ」と言って、自ら洗車の仕方を見せてくれた販売会社の社長。それから、たくさんのお客様。同僚、上司。言うまでもなく、家族や友達……。

次々浮かんでくるたくさんの顔を反芻しながら、改めて、なんと幸せな人生なのか、と深い喜びに包まれています。

こんなにもたくさんの人と関わり、たくさんの人に支えられてきた六十年。それは私が、傷つくこと、失敗することを恐れずに、出会った人とのご縁を大切に育み、一つひとつの人間関係を大きく、豊かに実らせてきた結果だと思っています。

つらい思いも苦しい思いもすべてプラスに受け止める

人間関係はごまかしがきかない

長くビジネスの世界で多くの人に接していると、人間関係ほどごまかしのきかないものはないと痛感させられます。どんなに言葉を飾っても、どんなにマナーに気を配っても、それらを超えて、あるいはそうしたもののさらに奥から、その人の人間性が隠しようもなく、伝わってくるのです。

温かな人柄の人は、ただ、「ありがとうございました」と言っても十分に温かく、そうでない人は、そうでないように響いてくる。

その人がふだん、どれほど感情豊かに生きているのか、そうでないかは、ちょっとした話のヒダから、手に取るように伝わってくるのですね。

つい先日も、会社にお見えになった方が、私の部屋においてある観葉植物を見て、

「お手入れが行き届いていて、幸せなパキラですね」とおっしゃったのです。

私はその一言で、この方はなんといい方なのだろうと、ご挨拶を交わす前から大好きになってしまいました。「幸せなパキラ」という言い方に、その方ならではのやさしさ、思いやりの深さを見て取ったのです。ふだん、感性豊かな日々を送っていなければ、こんな言葉がとっさに出てくるはずはないのですから。

一杯のお茶を飲んでも、心の底から「ああ、おいしい。なんて、深い味わいなのでしょう」と言える人と、あっさり「ご馳走さまでした」で終わりという人では、相手の心に届く思いの深さがまるで違います。

つらい経験が多いほど、力がつく

コミュニケーションが上手で、だれにもよい印象を持たれる人は、深く温かな人柄の持ち主、さらに言えば、他人を思いやることができる人、他人の立場になれる人です。わがことのように、ごく自然に、他人を理解しようとすることができる思いやりは、生まれたままでは身につきません。いろいろな人生経験、とくにつらい経験を重ねることで徐々に、思いやりの感度が研ぎ澄まされていくのです。

私は、ホンダに十年余り在籍し、その間、本当にがむしゃらに働きました。女性ではあまり前例のない自動車セールス。しかも、入社の翌月には営業所トップの成績をあげ、以後、退社するまで、トップの座を譲らなかった……。この話を繰り返すのは、けっして自慢したいからではないんです。

じつは、このがむしゃらが過ぎた結果、体をこわし、入院もし、つらい時期を体験しています。でも、その病気をした後は、それまで以上に、人のことを思いやれるようになったと実感しています。

つらい思い、悲しい思い、苦しい思い、痛い思い……。人はこうしたネガティブな状況も逃げてはいけないのです。これらのつらさ、痛さを乗り越えたときに、人は一皮むけたり、人間性が一段と深まったりするのですね。

こうした深まりから生まれる人の温もりが感じられるコミュニケーション、いわゆる人肌のコミュニケーションでなければ、相手の心に届くコミュニケーションとは言えないと思います。

つらさも喜びも抱きしめる

コミュニケーション上手と言われることの多い私ですが、正直に言えば、そう言っていただくのと同じだけつらい思いもかみしめてきました。でもあまりそれは口に出さずにやってきました。つらい、つらいと騒ぎ立てるのではなく「辛さをじっと抱きしめる」。それが「辛抱」なのだと気づいたからです。つらさも喜びもじっと抱きしめる。人生の深い滋味は、そこからにじみ出てくるのだとわかるようになったのです。

向かい合っている相手も、同じように、じっと何かを抱きしめている……。そう思うと、おたがいに固く抱き合いたくなってきてしまうくらいです。

本当は外国の風習のように、ビジネスでの出会いでも、おたがいにハグして、肩を叩き合う。そんな体温を伝え合うようなコミュニケーションがあってもいいのではないかと思っています。

でも日本では、さすがにハグは抵抗もあるので、私はお目にかかった人とはできるかぎり握手を交わすようにしています。お別れの挨拶は、言うまでもなく「さようなら」ではなく、「また、お目にかかりましょう」です。

いろんな人とつき合えばつき合うほど人間としての幅や奥行きが増す

積極的に人間に関わってみると、必ず何かが起こる

私が育ったころは、現在では想像もできないくらい、人と人が密着して生きていた時代でした。日本中がまだまだ貧しい時代だったのですが、狭いわが家に、近所の遊び仲間や学校の友達など、いつもだれかがいて、食事時になれば、当たり前のように、家族と一緒に食卓を囲んで食べていくのです。

私が友達の家に行っても同じ。食事時になれば、私も同じように、その家の家族にまじってご飯をいただきました。

うちの子もよその子も分けへだてなく、いたずらをすれば、よその子でも叱られる。社会全体で子育てをしているようなところがありました。

そんななかで、子どもたちはごく自然に、世の中にはいろいろな人がいる、さまざ

まな仕事がある、生き方があるということを覚え、わきまえてきたような気がします。

いまは子どもたちが組んずほぐれつして遊ぶということがない。きょうだいや親戚の子の数も少なく、どうしても、知っている人間の〝持ち駒〟が少なくなってしまっています。

マンション住まいで、扉を閉めてしまえば、他人と関わらなくてもすみます。うっかりするとつき合うのは同じ会社の人か、学生時代の仲間ぐらいになってしまいがち。これでは同じ階層の人しか見えず、社会の一断面しか見えてきません。

私もダイエーに来てはじめて出会ったのですが、魚の目利きをさせたらだれもかなわないとか、肉の試食販売をさせたらピカ一みたいな、すごい人が各分野にいるんですね。

ちょっとした機会を見つけて、積極的に人と関わり、もっともっといろんな人と知り合い、つき合うようにすると、人間の面白さ、よさがいっそう深くわかるようになると思います。

落語の世界に人間関係を学ぶ

私は落語の大ファン。とくに好きなのは円生と志ん朝と談志。私の部屋の本棚には談志のCDセットが置いてあり、出かける前に一席、話を聞くのが朝の楽しみ。

落語、とくに古典落語は、江戸時代を舞台にしたものが多いんです。ご存じのように、江戸時代、庶民は長屋に折り重なるようにして暮らしていました。となりの音はすべて筒抜け。大家は親も同然、店子《たなこ》は子も同然という社会です。

古典落語は、テレビもラジオもない時代にできあがった話なので、本当に人間くさい、生の人間模様が描かれた話が多いんですね。廓話《くるわばなし》もあれば、貧乏長屋でくりひろげられる人情話もある。出てくるのは与太郎やら、熊さん、八っつぁん。宵越《よいご》しのお金は持たないというより、ハナからお金には縁がないという人が続々。

なんて心が温まるのだろうと、何回聞いても、聞き入ってしまいます。

私が信条としてきた「とにかくほめること」をテーマにした落語なら、「子ほめ」というのがあります。

「人に何かを頼むんなら、相手を喜ばす一言ぐらい言わなきゃいけない。それには相手の年より二つ三つ若く見えますと言うのがコツだよ」とご隠居に教えられた八五郎が、生まれて七日目の赤ん坊をほめるのにことかいて「ひとつ？　ひとつとはお若く見える。どう見てもただでございます」なんていう話です。

話の面白さもさることながら、落語を聞いていると、言葉と言葉のかけ合いでおたがいをストレートに伝え合っていたよき時代のコミュニケーションがかいま見えてくるのです。

落語のなかに出てくる温かく優しく懐かしい言葉の数々。生活習慣がすっかり変わった現代では失われていく言葉が多いのも事実です。でも落語のなかに脈々と生きつづけている人情の機微は大事に守っていきたいとつくづく思います。

ひとつ「はまっているもの」を持てば会話も仕事も変わってくる

ライブ公演からは演じる人の体温が伝わってくる

毎朝、ＣＤで落語を聞くほかに、休日などに時間がとれれば、私は、浅草の演芸ホールなどに飛んでいき、生の落語に聞き入っています。

よく、「あ、それ、テレビで見ました」と言う人がありますが、できればぜひ、生の落語や歌舞伎、芝居などに触れてほしい。ＣＤなどで名人の芸に触れるのももちろんお勧めですが、目の前で、まだ駆け出しの芸人が汗をかきながら懸命に演じるのを見ていると、名人を聞くのとは違った感慨が伝わってくるものです。

青果市場の仲買人だった私の父は粋な遊び人で、まだ小学校にあがる前から、私を歌舞伎や演芸場にしょっちゅう連れていってくれました。そんな原体験からか、私は芝居や落語が大好き。中学校に入ったころからは、母からもらうお昼代を食べずにためて、一人で芝居や映画を見に行くようになりました。当時、歌舞伎座の大向こうの一幕見はたしか七十円でした。

前にも言ったように、落語は江戸庶民の暮らしぶりをテーマにしたものが多い。歌舞伎は遊女と町人の悲恋もあれば、恋に狂った女性の怨念物語もある。義経の逃避行や忠臣蔵のような忠義ものもあれば、親子の悲しいまでに深い愛情を描いた演目もあるといった具合で、古今東西、およそありとあらゆる人間模様が描き出されます。

音楽でも絵画でも、生の人間が懸命に演奏したり、描いたものが伝えてくるものは、録音されたり、印刷されたものの比ではありません。

寄席に行くたびに感じるのは、さすがに舞台にあがるまでに芸を磨いた芸人さんたちの間《ま》は、なんともいえず巧みだということ。この間のうまさはとうてい文章では伝えられません。

もちろん私もそうですが、いくら聞いても、芸人の域になど到達できません。でも何度となく聞いているうちに、なんとなくそのあたりの呼吸がわかってくるような気がするのです。

本好きな人は人生の深さを知っている

それから、ぜひお勧めしたいのは、もっともっと本を読むことです。

私は子どものころから大の本好きで、いわゆる文学少女だったのです。私が子どものころ、カバヤのキャラメルというのがあり、それを集めると本がもらえるカードが入っていました。私は、キャラメルを買っては、中身はほとんど食べもしないでカードを集め、カバヤ文庫の世界少年少女名作全集を揃えることに夢中になっていたものです。

その後、現在に至るまで、本好きは変わりません。いつもベッドサイドには読みたいと思って買った本が高く積まれています。読書は私の欠かせない習慣になっており、本なしでは落ち着かないのです。

最近ではビジネス書を読むことが多いのですが、これまで、いちばんたくさん読んだのは大正・昭和の文学作品です。

人と人が真剣に向かい合う人間模様を描いた小説は生きることのヒントを与えてくれ、人生のあらゆる場面に生かすことができると思うのです。とくに好きなのは永井荷風の『濹東綺譚』。夏目漱石や太宰治は全集を買ったほどのファンです。最近、若者の本離れが目立つそうですが、本を読まなくなったことと人づき合いが苦手な人が増えていることは、根っこでつながっているように思えてなりません。

●「はまっているもの」を持っている人は、話が面白い

いろんなことに関心を持っている人、趣味の豊かな人も話題が豊富で、自然に話し上手になっていきます。「趣味は仕事」もいいですが、人としてのテリトリーが広くなければ、仕事の発想だって広がりません。

仕事一色、会社一色に染まらずに、週末はきちんと休んで、自然に親しんだりスポーツをしたり、芸術や文化に触れ、それを通して、人への関心を磨くことです。

仕事も人生も、すべてのスタートは人。心やすらぐ時間がなければ、人というもののよさ、深さを堪能することはできにくいものです。

目指すのは、「感謝・感動・感激」の3K人生
人生のすべては人との関わり合いから生まれる

一日十回感動すること

ビジネスの基本はコミュニケーション、そして3Kのある職場をつくろう、と私は日ごろから提唱しています。

3Kと言っても、よく言われる〝きつい・汚い・危険〟ではなく、「感謝・感動・感激」のある企業、という意味です。

3Kは私の人生のテーマでもあって、私はいまも、毎日を「感謝・感動・感激」で満たしたいと心の底から願っています。

これまで書いてきたように、私はつねに何ごとにたいしても、だれにたいしても、まず感謝することを心がけてきたためか、いつも最初に口をついて出るのが「ありがとう」。

「ありがとう」という言葉には奇跡のような力があって、こうして口にするだけで、私も言われた相手も、幸せな気分になってしまいます。

感動・感激も習慣です。加藤シヅエさんが「一日十回、感動すること」を日課にしていらしたことは有名な話です。

加藤シヅエさんは、国際的なコーディネーターであり、テレビのコメンテーターとしても活躍されている加藤タキさんのお母様。大正デモクラシーのなかで育ち、百四歳の人生を通して人間愛を貫き通し、同時に、女性が社会的に受けていた束縛からの解放に身を投じた方でした。

その加藤シヅエさんが、もう九十代に入ったある日のことです。ラジオに耳を傾けていたところ、どこか地方で暮らすおじいさんの投稿を読む声が流れてきたそうです。「孫が学校から帰ってくる『ただいまーっ』という元気な声を聞くたびに、毎日、心が感動でいっぱいになる」というような内容だったとか。

それを聞いた加藤シヅエさんは、「孫が学校から帰ってくる。そんな当たり前のことでも感動できるなんて、なんと素晴らしいことだろう。そうだ、自分も明日から、一日十回、感動することを見つけよう」と決心されたのだそうです。

そうした姿勢で日々を暮らすようになると、朝、かわいい小鳥の声を聞いても感動する。朝食のコーヒーの香りにも感動する。食卓に旬の野菜がのれば感動する……という具合に、どんどん感動上手になっていったのだそうです。

感謝・感動・感激したら、ぜひそれを言葉に出して、まわりの人にも伝えることです。

感動を言葉に出すと、それは感激になって人に伝わり、感激はまわりにいる人すべてが共有する喜びに昇華していきます。

こうした「感謝・感動・感激」を周囲の人、皆と共有し、共感し合う。そんな家庭や会社にできれば、人間関係も自然に楽しく、幸せなものになっていくことと思います。

「人が好き。花が好き。仕事が好き」

「人が好き。花が好き。仕事が好き」。これは、私が色紙などにサインを求められると、好んで書く言葉です。

花は繊細で弱い生き物。でも、底に強靭さも秘めていて、少しぐらいの風に吹かれても、びくともしないで、美しい花を咲かせています。

人も同じ。ときには傷ついても、憎しみに出会っても、それらを乗り越えて笑顔でいる。そんな人に出会うと、心の底からうれしくなってしまい、自分もまたそうありたいと願います。

そうした人になるには、私は仕事をすることがいちばんだと思っています。仕事を通して人は磨かれ、しだいに強く美しく、おだやかに、温かくなっていくのだと思っています。

人生とは何か？　そう聞かれたら、「人がすべて」と答えます。お客様という「人」、職場の仲間という「人」、すべての「人」に学び、育てられ、磨かれていく。それが人生。それが、生きる喜びです。

いまの私があるのは、これまでの人生で出会った、すべての人のおかげです。

編集協力・菅原佳子

不思議なほど仕事がうまくいく
「もう一言」の極意

2007年10月31日　第1刷発行

著　者　林　文子
装丁者　前橋隆道
発行者　木谷東男
発行所　株式会社　草 思 社
〒151-0051　東京都渋谷区千駄ヶ谷2-33-8
電　話　営業03(3470)6565　編集03(3470)6566
振　替　00170-9-23552
印　刷　株式会社精興社
カバー　錦明印刷株式会社
製　本　坂田製本株式会社
ISBN978-4-7942-1645-8
Printed in Japan